아트테크
큐레이션

일상이 예술이 되는 MZ세대 미술품 투자법

아트테크
큐레이션

한혜미 지음

Art
Tech
Curation

한국경제신문

호황과 불황 사이에서 살아남으려면

2021년 초에 《월 10만 원 그림 투자 재테크》라는 책을 출간했다. 책에서 말하고 싶었던 이야기는 미술품은 자산의 가치가 있고, 조금은 가벼운 마음으로 접근해도 된다는 것이었다. 아트 딜러로서 미술품을 권했을 때, "내가 그림을 사도 될까?", "부자들만 사는 거 아냐?", "그림 사는 사람이 내 주변에는 없는데……" 같은 말을 듣는 안타까움이 글의 시작이었다. 누구나 미술에 쉽게 관심을 둘 수 있도록 최대한 쉽게, 여러 재미 요소를 넣어서, 부담 없이 읽도록 하는 데 주안점을 두었다. 그러면서 국내 미술시장은 성장 가능성이 크다고 강조했는데, 사실 이렇게 빨리 MZ세대를 중심으로 시장이 움직일 거라고는 예측하지 못했다. 과연 요즘도 "미술품은 부자들의 전유물이다"라고 얘기하는 사람이 있을까? 미술시장의 분위기가 달라졌다.

그리고 이 책을 쓰는 동안에도 다시 좀 더 달라졌다.

미술시장에 MZ세대가 왔다. 이들은 소셜 미디어로 자신만의 작가를 발굴하고, 한정판, 스페셜 에디션에 기꺼이 돈을 지불하며, 실물이 아닌 온라인으로 접한 이미지를 자산으로 인정하고 구매한다. 미술 관련 스터디를 다양하게 만들어서 공부하고, '작품 구매 인증'을 통해 자신의 취향과 안목을 드러낸다. 그뿐 아니다. 한 작가의 팬임을 서슴없이 밝히고, 자신의 거래가 작가에게 합리적인지 따진다. 미술품으로 감상만을 추구하지 않는다. 미술품이 아닌 미술품의 소유권을 거래하는 데 어색함이 없다. 미술품이 보장할 가격을 구매하고 거래한다. 이에 최근 2차 미술시장은 작품의 회전속도가 이전보다 굉장히 빨라졌다. 동시에 많은 MZ세대 작가의 작품에는 구매를 원하는 대기 줄이 길게 늘어섰고, 놀라움과 우려 속에 미술시장이 급변하고 있다. 그만큼 지난 2년간의 미술시장은 전례 없는 호황을 누렸다.

한국 미술시장의 매출 규모가 1조 원을 기록했다 한들, GDP 대비 작은 시장으로 여전히 성장 가능성이 크다. 시장의 꾸준한 성장을 기대하지만 지난 2년처럼 언제까지고 뜨거워지긴 어렵다. 이미 불황의 초입에 들어섰다는 평도 한다. 그래서 이 책을 썼다. 처음 작품을 접하는 이들이 시장의 호황에선 현명한 선택을, 불황에선 위기에 대비를 하는 데 도움을 받길 바란다. 물론 미술품은, 예술의 가치는 시장에 영향을 받지 않는다. 좋지 않은 경제 상황에 작업한 작품을 두고 예술적 가치가 낮은 작품이라고 얘기하지 않는다. 미술품을 안전한 실물 자산이라고 이야기하는 이유다. 다만, 예술 작품은 사람인 작가가 만들고, 작가와 함께 움직이는 갤러리와 관계자는 시장의 영향을 받는다. 그림을 구매하지 않는 것을 넘어서 모두가 작품을 2차 시장에 내놓는다고 가정해보자. 작품이 팔리지 않고 시장을 떠돈다면 어떤 현상이 벌어질까?

좋은 그림을 거래해야 한다. 당장 10년을 소장해도 좋을 만한 작품을 알아봐야 한다. 여기엔 안목, 자본, 그리고 운이 필요하다. 언제 어디에서 나타날지 모르는 나만의 작품을 알아보기 위해 꾸준하게 안목을 길러야 한다. 좋은 작품을 만나는 걸 두고 소설의 표현처럼 "마치 운명같이 만났다"라고 한다. 그걸 구매할 경제적 능력이 뒷받침된다면, 짧게 스쳐 지나갈 운을 놓치지 말아야 한다. 낯선 것을 받아들일 용기, 그것을 위해 기꺼이 내야 하는 시간도 필요하다. "그 작가 뜰 줄 알았어", "그 작품 좋더라"라고 얘기해봤자 뭐하랴. 내 의지대로 감상할 수 없고, 시간이 지나 후회만 한다면 말이다. 지금 와닿지 않는 작품이라고 다음에도 반드시 좋아하지 않으리라는 법은 없다.

나에게는 이 책이 출간될 시기의 미술시장을 내다볼 능력이 없다.

어떠한 상황이건 그때를 대비하고 싶은 마음에 그 어느 때보다 다양한 자료를 접했다. 참고할 만한 내용은 이 책에 함께 수록하고 참고 자료로 기록했다. 서적, 보고서, 기사 등의 2차 자료를 모으고, 관계자들과 대면 및 비대면 인터뷰를 진행했다. 이 글을 빌어 인터뷰에 응해주시고, 귀한 자료를 공유해주신 분들에게 감사 인사를 전한다.

현장에서 일하는 아트 딜러의 시선에서 MZ세대에게 들려주고 싶은 이야기를 담고자 했다. 이들이 올바른 미술시장을 함께 만들어가길 바라는 마음으로 미술사와 라이징 작가를 수록했다. 방대한 미술사를 한 챕터로 구성하는 것이 부담스러웠으나, 앞으로 미술의 흐름을 알기 위해선 반드시 넣어야 했다. 미술사를 배제한 채 미술에 접근하는 것이 안타까웠던 개인적인 마음도 있다. 미술사를 몰라도 미술품을 살 수 있다. 하지만 더 좋은 작품을 알아보는 안목을 키우고 싶다면, 우리 앞에 작품이 놓이기까지 미술사가 어떤 흐름으로 흘러왔고 현대미술이 어떤 배경에서 만들어졌는지 이해할 필요가 있다. 고지식하고 답답하게 들릴지라도 사실이다. 미술품은 낮에 구매해서 밤에 판매하는 재화가 아니다.

또한 지난 책에 이어 이번에도 라이징 작가를 수록했다. 미술품을 구매하는 행위는 예술가의 비전에 동참하는 일이다. 어떤 목적으로 미술품을 구매했건, 예술가를 후원하며 미술사를 함께 만들어가는 일이다. 꾸준하게 성장하는 작가를 발굴하는 것은 미술을 사랑하는 이들의 임무다. 이 책에 소개한 여섯 명의 라이징 작가가 작품에 담은 철학과 그것을 표현하는 방법은 저마다 다르다. 이들이 어떤 철학과 고민을 작품 세계에 풀었는지 함께 알아보는 것만으로도 각자의 취향과 안목을 높이는 데 일조할 것이라고 믿는다. 그들의 작품이 상품처럼 비추어질까 염려되는 마음에서 말하자면, 독자들이 이 책을 접하고 예술가의 철학과 비전을 알아보고 응원하는 계기가 되길 바란다.

따라서 이 책은 다음과 같은 사람에게 추천한다.

1. 미술시장에 새롭게 접근한 MZ세대, 그리고 그들을 이해하고 싶은 기성세대
2. 미술시장의 호황과 불황 사이에서 현명한 선택을 하고 싶은 사람
3. 좋은 작품을 알아보는 안목을 기르고 자신만의 취향을 가꾸고 싶은 사람
4. 미술을 전반적으로 공부하고 싶은 사람
5. 예술 작품이 자산으로 인정받는 조건을 알고 싶은 사람

미술시장에는 다양한 이들이 있다. 그림을 그리는 작가, 그들을 마케팅하고 작품을 유통하는 갤러리, 구매하는 컬렉터 외에도 2차 시장을 주도하는 경매회사, 온라인 플랫폼 등 작품 한 점이 선보이고 시장에 유통되며 컬렉터를 찾아가기까지 다양한 이들을 거친다. 미술을 좋아한다면 이제 시작이다.

미술은 그 영향력이 무궁무진하다. 같은 작품이라도 상황에 따라, 사람에 따라 전하는 감동도 다르다. 강렬한 첫인상으로 충격을 주고, 상황과 시간에 따라 다른 반전 매력을 보여주며, 일상에 은은하게 스며들어 잔향을 남긴다. 누군가에게는 귀중한 예술품이지만, 누군가에게는 미래를 설계하는 자산이기도 하다.

그림은 누구나 살 수 있다.

다만, 좋은 그림은 아무나 살 수 없다.

당신이 어떤 마음으로 미술을 접했건 이 세계의 진정한 매력을 만날 수 있길 소망한다.

아트 딜러 한혜미

1장

MZ세대 아트테크,
이 정도는 알고 시작하자

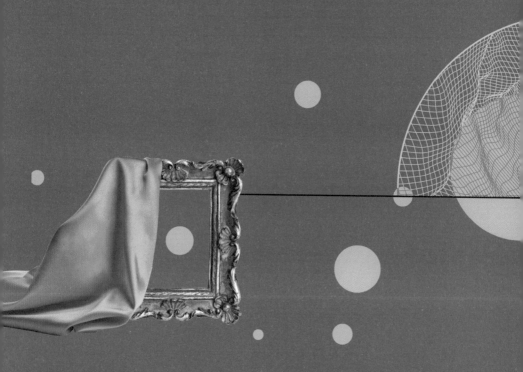

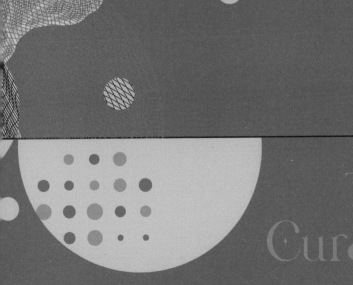

Art
Tech
Curation

변화하는 미술시장,
MZ세대가 이끌어간다

"코로나에도 역대급 관람객이"

"억 소리 나는 경매 현장"

"역대 최고 매출 기록한 아트 페어"

한동안 미술시장을 대변한 이야기는 '최고, 최다, 최대, 역대급'이었다. 갤러리와 아트 페어에 작품을 구매하려는 이들의 긴 대기 리스트가 작성되고, 경매에는 눈길을 끄는 작품이 연이어 등장했다. 예술경영지원센터에 따르면, 2021년의 미술시장 규모는 약 9,100억 원을 기록했으며, 2022년에는 1조 원 시장을 바라보고 있다. 이는 갤러리, 아트 페어, 경매회사의 거래액을 합산한 금액으로, 대다수의 미술품은 이와 같은 유통 구조를 통해 판매가 이뤄진다. 3,000억~4,000억 원이었던 지난 규모 대비 약 3배 이상의 성장을 눈앞에 두고서 미술시장에 대한 여러 이야기가 오간다. 짧은 기간에 큰손으로 자리매김한 MZ세대 컬렉터, 기나긴 대기에 지쳐서 작품 구매를 포기한 일화, 호황인지 불황인지 예측하는 의견 등이다. 확실한 것은 여전히 미술시장의 변화는 매우 빠르고, 현재진행형이라는 것이다. 그렇다면 미술시장은 어떠한 배경으로 움직일까? 단순하면서도 복잡한 시장 구조와 원리를 흐름과 현황, 역사로 알아보자.

현대 미술시장의 구조와 흐름

미술시장은 1차 시장과 2차 시장으로 구분된다. 1차 시장에서는 작가의 신작이 거래되며, 2차 시장에서는 판매되었던 작품이 재거래된다. 1차 시장은 갤러리와 아트 페어, 2차 시장은 옥션(경매회사)이 주도한다. 경매 또는 온라인 미술품 거래 플랫폼을 3차 시장으로 구분하자는 의견도 있다. 작가의 신작은 갤러리 또는 여러 갤러리가 모여서 개최되는 아트 페어를 통해 판매된다. 미술시장의 1차 시장에선 '관계'를 중요한 요소로 본다. 세상에 한 점뿐인 작품을 구매하려는 이들이 많을수록, 작품은 오랫동안 아껴줄 이에게 판매된다. 이는 2차 시장과 연관이 있다. 구매자가 미술품을 높은 가격에 내놓으며

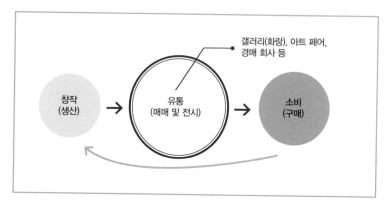

차익을 보는 아트테크는 2차 시장에서 이뤄진다. 판매된 작품이 빠른 시간 안에 시장에 다시 나오는 걸 반기는 작가와 갤러리는 없다. 작가가 시장에 영역을 구축하기도 전에 작품이 동시다발적으로 2차 시장에 등장하면 작가는 작품 활동에 큰 타격을 받는다. 2차 시장의 거래가 활발하게 이루어질수록 1차 시장에서 작품 판매에 신중을 기하는 이유다. 좋은 미술품은 시간이 지날수록 가치를 인정받으며 가격이 상승한다. 쓸수록 낡는 골프채나 명품 가방이 아닌, 감가상각이 되지 않는 특수한 자산이다.

돌아가서, 최근에는 1차 시장과 2차 시장의 경계가 불분명하다. 일부 갤러리는 컬렉터에게 판매를 위탁받아서 2차 시장의 거래를 돕고, 갤러리가 모인 화랑협회는 경매를 개최했다. 옥션은 작가들과 직거래를 해서 신작을 출품하고, 자체 아트 페어를 진행했다. 1차 시장과 2차 시장의 대표 유통처가 경계를 넘나든 것이다. 백화점도 미술시장에 등장했다. 백화점은 아트슈머를 위한 전시에서 더 나아가, 직접 아트 페어를 열고 적극적으로 작품을 판매한다. 온라인 미술시장도 코로나19 이후 180도 달라졌다. 온라인 미술품 유통 플랫폼에서 직접 선정한 작가를 소개하고, 자체 경매를 열거나 컬렉터 긴의 기래를 도와 작품을 판매한다. 컬렉터의 작품 구매 방법도 달라졌다. 온라인 쇼핑에 특화된 MZ세대는 작품을 인터넷으로 보고 구매하는 것에 거리낌이 없다. 또한 대다수 작가가 스스로를 마케팅한다. 소셜 미디어로 작업 과정을 공유하며 팬층을 형성하고 자체적으로 작품을 거래한다. 이렇듯 미술시장은 크게 1차 시장과 2차 시장으로 나뉘지만, 그 경계가 모호해지면서 새로운 변화의 바람이 불고 있다.

코로나19가 본격적으로 시작된 2020년은 미술시장도 암흑기였다. 작품을 선보여야 하는 전시가 무기한 연기됐고, 아트 페어는 관람객보다 관계자가 더 많아 보였다. 한산한 부스에 갤러리의 사정이 걱정될 정도였다. 국내에서 가장 유명한 아트 페어인 키아프(KIAF: 한국국제아트페어)는 처음으로 오프라인 개최를 취소했다. 당시 참가 예정이었던 143개 갤러리가 그대로 진행하자고 했음에도 이와 같은 결정을 내린 것이다. 대신 온라인을 본격적으로 활용했다.

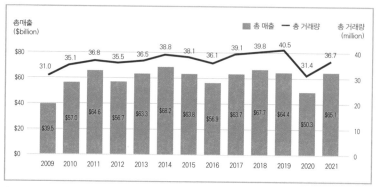

글로벌 미술시장 판매 총액(2009~2021)

ⓒ Arts Economics(2022)
출처: 스위스 아트바젤&금융그룹 UBS, 〈2022 미술시장 보고서(The Art Market 2022)〉

　　전 세계의 유명 아트 페어도 개최를 취소하거나 온라인으로 전시를 보고 그림을 구매할 수 있는 온라인 뷰잉 룸(Online Viewing Room)을 도입했다. 그러자 예상치 못한 일들이 벌어졌다. 집을 나설 수 없는 이들이 온라인으로 미술품을 거래하기 시작한 것이다. 온라인 미술시장은 이전에도 존재했지만, 작품을 직접 볼 수 있는 오프라인 미술시장의 영향력이 단연 컸다. 이런 흐름을 타고 비교적 온라인에 익숙한 2040의 MZ세대가 미술시장에 진입했다. 처음 시장에 진입했던 그들은 유명 작가의 이름을 따라 작품을 구매하는 추세였지만, 시간이 지날수록 자신만의 작가를 찾기 시작했다. 현대미술 작가들은 개인 유튜브나 인스타그램 등의 소셜 미디어로 자신의 작업을 적극적으로 공유하기 시작했다. 이에 새로운 MZ세대 컬렉터들은 자신이 좋아하는 예술가의 계정을 팔로우하며 그들의 작업 세계에 관심을 기울였고, 코로나19로 긴 시간 머물게 된 공간에 직접 고른 미술품을 들였다.

이러한 배경에는 미술품이 투자 자산으로 주목받은 요인도 있다. 주식과 코인으로 마련한 여유 자금을 현물 자산인 미술품에 투자하거나, 부동산을 대체할 투자품으로 미술품을 바라보았다. 또한 미술품 구매를 사치품을 사는 것이 아니라 자신만의 라이프 스타일을 만들어가며 미래를 계획하는 것으로 받아들였다. MZ세대는 가성비만큼 가심비를 중요하게 여긴다. 취향을 소비하는 그들의 성향은 미술 시장의 확장에 기여했고, 500만 원 전후의 미술품이 시장에 대거 등장하는 기회를 마련했다. 그림 구매가 오프라인에서 온라인으로 옮겨 간 만큼 많은 온라인 미술품 거래 플랫폼이 등장한 것도 한몫했다. 신진 작가의 원화 작품부터 블루칩 작가의 판화와 소품까지 온라인을 통해 빠르게 유통됐다. 작품을 구매하려고 전시장 앞에 줄을 서고 오픈 런을 하는가 하면 인터넷에 공개된 99개의 에디션 판화는 등장과 동시에 완판됐다. 직관적인 팝아트와 친숙한 일러스트 작품의 비중이 이전보다 높아졌고, 기존에 고수하던 화풍에 뜬금없이 귀여운 캐릭터를 접목한 그림이나 인테리어하기에 좋은 그림도 다수 등장했다. 작품의 심오한 철학보다는 각자의 개성과 취향을 드러낼 수

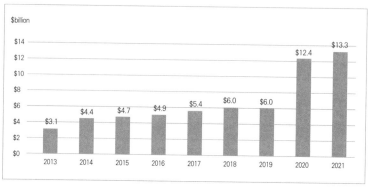

▶ 미술시장의 온라인 판매(2013~2021)

$billion

- 2013: $3.1
- 2014: $4.4
- 2015: $4.7
- 2016: $4.9
- 2017: $5.4
- 2018: $6.0
- 2019: $6.0
- 2020: $12.4
- 2021: $13.3

ⓒ Arts Economics(2022)
출처: 스위스 아트바젤&금융그룹 UBS, 〈2022 미술시장 보고서(The Art Market 2022)〉

있는 작품이 주목받기도 했다. 소셜 미디어에 특화된 MZ세대 작가들이 많이 등장했는데, "MZ세대가 그려서 MZ세대가 판다"라는 말이 나올 정도였다.

미술품 거래의 특징을 두고 구매하긴 쉬워도 판매는 어렵다는 이야기를 많이 한다. 그러나 최근 국내 미술시장은 신진 작가들까지 유명세를 치르면서 좋은 작품을 구매하는 과정이 더 어렵고 까다로워졌다. 이에 일부 갤러리는 전시 오픈 당일 선착순 판매 조건을 내걸거나 추첨을 통해 작품을 판매하는 방식까지 도입했다. 흥미로운 것은 아트테크 열풍으로 미술시장에서 작품을 구매하려는 이가 늘어났지만, 다른 한편으로는 거래됐던 작품이 물감이 미처 마르기도 전에 다시 2차 시장에 출품되는 일이 잦아졌다. 일부는 높은 가격에 거래됐지만, 또 그중 일부는 기존의 거래가를 넘지 못했다.

이와 같이 미술시장은 다른 시장들과 마찬가지로 늘 상승장이 아니다. 2차 시장의 미술품 가격은 언제라도 변할 수 있다. 현금화를 위해 2차 시장에서 미술품을 시세보다 낮게 팔려는 이들이 많아지면, 작품 표준가가 타격을 받아 작가가 꾸준하게 작업하기가 어려울 수 있다. 작가가 작업을 그만두고 다른 일을 한다면 그 작품은 예술가의 작품이 아니게 되므로 작품가도 영향을 받는다. 2차 시장의 가격은 작가의 손을 떠난 가격이다. 거래하려는 이들이 형성하는 시세가 반영되기 때문이다. 과거 해외 경매에서 높은 가격에 낙찰되었던 작가가 2022년 하반기 온라인 경매에서 1회 만에 낙찰된 사례가 있다. 같은 도상인 점으로 봤을 때 15년 전의 시세가 이어졌다면 최소 1억 원은 넘겼을 텐데 낙찰가는 2,000만 원을 넘지 못했다.

예술경영지원센터는 '2022 상반기 한국 미술시장 세미나'를 통해 공급량이 지나치게 많아지면 작가의 시장이 채 형성되기도 전에 무너질 위험이 있다고 발표했다. 어떤 마음으로 작품을 대하고 구매해야 할지 생각할 시점이다. 2007년에 6,000억 원으로 높은 성장을 이뤘던 한국 미술시장은 2008년에 금융 위기와 맞물리면서 큰 타격을 받고 한동안 회복을 하지 못했다. 내가 구매하려는 것이 한철 유행할 상품인지, 미래에도 가치를 인정받을 작품인지 고민하자. 그 답은 호황과 불황 사이의 미술시장에서 내가 어떤 모습으로 서 있을지 보여줄 것이다.

빠르게 성장한 NFT

씨티은행에서 2022년 3월에 발간한 《GLOBAL ART MARKET DIS-RUPTION》에 따르면, NFT시장은 2021년에 약 250억 달러의 매출을 기록했고, 2022년 1월에만 74억 달러의 추가 매출을 달성했다. 2020년만 해도 거래가 미미했던 NFT가 2021년 11월 경매에서 2주 동안 23억 달러나 팔렸다. NFT란 Non Fungible Token의 줄임말로, 대체 불가능한 토큰이다. 이미지 파일이나 동영상과 같은 디지털 파일에 블록체인으로 고유한 소유권을 기록해서, 온라인의 파일도 오직 한 점의 유일성을 인정한다. 이제는 온라인상에서 누가 어떤 디지털 파일을 소유하고 있는지도 증명할 수 있게 된 것이다.

디지털 파일을 NFT로 변환하는 것을 민팅(minting)이라고 부르며 코인으로 거래한다. NFT시장의 규모는 매우 빠르게 커졌다. "NFT로 미술 작품을 올려서 옆집 누가 큰돈을 벌었다"라는 이야기가 심심찮게 나오며, NFT를 아트테크와 연결하기도 했다. 고객들에게 "NFT

작품도 판매하시나요?"라는 문의를 받고 "NFT 강의, 가능하세요?" 라는 제안이 들어오던 차에 주변 사람들한테서는 "NFT가 뭐야?"라 는 질문이 따라왔다. 시간이 지남에 따라 국내외 예술가뿐만 아니라 일반인들도 NFT시장에 적극적으로 뛰어들었다.

최초의 NFT는 2014년에 제작되었지만 신호탄은 컴퓨터공학도 출신의 웹 디자이너였던 비플(Beeple: 본명 마이크 윈켈민)이 쏘아 올렸다. 그는 2007년부터 하루에 한 점씩 작업한 JPG 파일을 한 장으로 모아서 NFT로 경매에 출품했다. 작가의 14년간의 노력을 담은 〈매일: 첫 5000일(Everydays: The First 5000 Days)〉은 크리스티 뉴욕 경매에서 약 6,930만 달러(한화 약 800억 원)에 낙찰되었고, 그는 생존 예술가 중 고가에 작품이 거래된 작가 3위를 기록했다.

NFT는 만질 수 있는 실체가 아니다. 그렇다면 실물 작품을 촬영해서 NFT로 판매하는 경우를 어떻게 해석해야 할까? 예를 들어 A가 소장한 작품을 NFT로 제작했다고 가정해보자. 그리고 이를 B가 구매했다면 오프라인에선 A가 소장했지만 온라인의 소유자는 B가 되는 것일까? 어떤 작품이 NFT로 제작되어도 이는 C가 아닌 C-abc로 동일한 이미지의 다른 작품이다. 물론 이것도 작품의 원작자가 허락했을 때 가능한 일이며, NFT를 소유했어도 2차 활용에 대한 권리를 소유한 것은 아니다. 미술품과 마찬가지로 저작권과 소유권의 구분

비플, 〈매일: 첫 5000일(Everydays: The First 5000 Days)〉 ⓒ 한국경제 DB

이 필요하다.

NFT 플랫폼 번트파이낸스(Burnt Finance)는 놀라운 일을 벌인다. 한화로 약 1억 원에 구매한 뱅크시의 〈멍청이들(Morons)〉을 NFT로 만든 뒤, 구매한 실물 작품을 태웠다. 원작이 사라지고 남은 이 NFT

아트테크 큐레이션

작품은 한화 약 4억 원에 거래되었다. 작가가 직접 제작한 작품이 아닌, 구매한 소장자가 만든 파일이 4배나 높은 가격에 팔린 것이다. 국내에서도 비슷한 사례가 있었다. '진달래' 화가로 유명한 김정수 작가는 100호 작품을 태우고 이를 유튜브로 공개했다. 이렇게 원화가 사라진 작품이 NFT로 등장했는데, 이후 300개 에디션으로 발행된 NFT가 시장에서 최초 가격보다 5배 높은 금액으로 재거래되기도 했다. 뱅크시 사례와의 차이점은 작가가 결정했다는 것과 실물이 사라진 작품이 고유한 NFT로 기록된 에디션으로 등장했다는 점이다.

저스틴 비버도 구매했다고 알려진 〈지루한 원숭이 요트 클럽(Bored Ape Yacht Club, 이하 BAYC)〉의 NFT 컬렉션은 새로운 전략을 펼쳤다. BAYC는 '암호 화폐의 상승으로 부자가 되면서 세상의 모든 것이 지루해진 원숭이'라는 이야기를 만들었다. 나름의 스토리를 NFT에 접목한 것도 모자라 이를 구매한 NFT 소유자에게 저작권을 제공했다. 또한 인플루언서를 앞세워 적극적으로 홍보를 하고, NFT의 소유권을 가진 이들에게 멤버십 혜택을 줬다. 이야기가 있는 NFT의 저작권과 소유권을 가질 수 있고, 오프라인 행사를 포함한 멤버십 혜택은 BAYC의 높은 인기로 이어졌다. NFT 거래 플랫폼인 오픈시(Opensea)에서 한화로 약 30만 원에 거래되었던 BAYC는 거래가가 3억 원까지 치솟으며 높은 인기를 끌었다.

원숭이 캐릭터들로 구성된 'BAYC' 프로젝트 ⓒ 한국경제 DB

    그렇다면 NFT 작품은 어디에서 구매할 수 있을까? 대표적인 NFT 마켓플레이스는 오픈시다. 온라인으로 접속이 가능하며, 수많은 NFT 작품을 만날 수 있다. 누구나 자신의 작품을 업로드할 수 있다는 장점과, 너무 많은 작품이 올라와서 홍보가 부족하면 묻힌다는 단점이 있다. 작품을 처음 올릴 때 가스비(Gas Fee)라는 수수료가 발생하는데, 이는 코인의 시세에 따라 다르다. 그 밖에 플랫폼으로 룩스레어 (LooksRare), 업비트(UPbit), 파운데이션(Foundation) 등이 있고, 크리에이터를 선정해서 판매하는 클립드롭스(Klip Drops)도 있다.

모두 코인으로 거래하기 때문에 NFT에 접근하려면 그 전에 코인을 이해해야 한다. 코인시장이 휘청거릴 때에는 NFT시장이 함께 흔들리니 주의가 필요하다. NFT 미술도 미술품과 주의할 점이 비슷하다. 우선, NFT 거래 시 원작자 또는 저작권자의 작품이라면 동의를 구했는지 확인해야 한다. 뚜렷한 법 규제가 부족해서 문제가 될 경우 판매자가 아닌 구매자가 오롯이 피해를 입을 수 있다. 또한 NFT는 인지도에 따라 가격이 달라지므로 창작자의 비전을 확인해야 한다. 일반적으로 트위터를 통해 NFT 작가들을 접한다.

이처럼 디지털 작품에 대체 불가를 적용한 NFT는 새로운 영역으로 등장했다. 마치 현실의 나와 온라인의 또 다른 내가 존재하듯, 그리고 그게 비슷하지만 다른 모습으로 활동하듯, 예술품도 그렇게 존재하기 시작했다. 아직 NFT를 두고 대중화가 되었다고 말하기엔 이르다. 그러나 트위터, 유튜브, 메타 등 해외 유명 기업이 NFT 비즈니스를 시작했으며, 미술시장과 코인시장의 움직임에 맞춰 놀랄 만큼 빠르게 퍼지고 있으니 주목하자.

▶ 대표적인 NFT 거래 플랫폼

노운오리진(knownorigin.io)	업비트(upbit.com)
레이러블(rarible.com)	오픈시(Opensea.io)
슈퍼레어(superrare.com)	파운데이션(foundation.app)

아트 딜러의 TIP

**미술시장에 대한 선배 갤러리스트의
생각이 궁금하다면?**

추천 유튜브 〈더아트나인 정수아트센터 미술만평(박정수의 미술만평)〉

굵직한 미술계 선배의 연륜에서 나오는 바이브를 느낄 수 있는 유튜브 채널이다. 한국 미술시장의 흐름과 미술계의 역할, 좋은 작품의 기준과 현장의 이야기 등 미술시장의 이야기를 다양하게 접할 수 있다. 미술계와 미술시장이 궁금하다면 이 유튜브를 찾아보자.

미술사를 알 필요가 없다고?

우리가 관심을 갖느냐 아니냐에 따라, 편견을 갖느냐 이해심을 갖느
냐에 따라 미술의 운명을 좌우하게 되는 것이다.

-E. H. 곰브리치,《서양미술사》

이 세상에 '경제적 가치를 지닌 자산'은 많고 다양하다. 그중 미술품에
관심을 기울인다면, 그건 예술이 주는 어떤 특별한 점에 매료되었기
때문일 것이다. 하나의 미술품에는 한 사람의 인생이 담겨 있다. 예술
을 가까이할수록 인생이 풍요로워진다. 수많은 미술품을 통해 다양한
사람의 가치관과 인생을 이해하며 삶의 한 부분을 함께할 수 있다.

나는 그간 아트테크 강의를 하며 미술사를 다루지 못했던 점이 늘
아쉬웠다. 한 시간 강의 안에 방대한 이야기와 현재의 흐름과 현황을

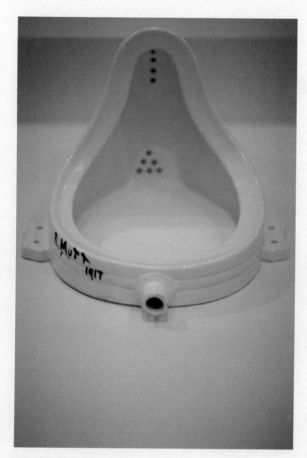

마르셀 뒤샹, 〈샘(Fountain)〉, 1917

아트테크 큐레이션

모두 넣기에는 내 실력이 역부족했다. 그래서 이번 책에서는 미술사의 흐름을 짧게나마 꼭 다루고 싶었다. 미술사를 아는 사람과 모르는 사람은 예술을 더 공감하며 바라볼 수 있는 깊이가 다르다.

예를 들어 좌측 그림이 무엇으로 보이는지 묻고 싶다. 소변기인가, 작품인가? 아니면 이미 떼어내서 사용할 수도 없으니 쓰레기일까? 만약 집 앞에서 이 소변기를 발견했는데 마르셀 뒤샹이 누군지 안다면, 이것을 애지중지 들고 가 감정을 받아서 큰돈을 벌 수도 있겠다. 어이없게 들리겠지만 이 소변기는 예술의 개념을 확장했다는 점에서 현대미술사에서 가장 영향력 있는 예술 작품으로 평가받는다. 100여 년 전인 1917년, 뒤샹은 기존과는 다른 예술의 개념을 대중에게 선보였다. 여러 논란 속에 결국 "이것도 예술이야?"가 예술로 인정받았고 중요한 현대미술 작품으로 남았다. 이렇듯 역사에 기록된 많은 예술 작품은 '조롱'과 '인정' 사이에서 시대와 사상을 반영하며 받아들여졌다.

이집트 미술을 본 적이 있는가? 사후 세계를 믿고, 주술적 의미가 강한 이집트 미술은 자세히 보면 인물의 각도가 신기하다. 얼굴은 옆을 바라보고 있는데 눈은 앞을 바라보고 있다. 상반신은 정면이지만, 팔과 다리는 측면이다. 사실적인 모습이 아닌 추상적이고 평면적인 모습인데 입체감이 느껴진다. 어쩐지 요즘 현대미술에서 많이 본 듯

이집트 벽화

한 느낌도 든다. 전문가들은 오늘날까지 현대미술에 영향을 끼치는 파블로 피카소가 이집트 양식을 진화시켰다고 평가한다. 공간과 사물을 해체한 입체파를 새로운 창조가 아닌, 과거에서 진화한 화풍으로 바라보는 것이다. 많은 미술품은 완전히 새롭게 창작된 것이 아니라 과거에서부터 유기적인 관계를 맺으며 시대를 반영한다. 현재의 미적 기준과 이해에 부합하지 못하더라도 예술 그 자체가 존중받아야 하는 이유다.

시대의 변화에 따라 달라진 인식은 그 사회를 대변하는 새로운 화풍을 만든다. 이집트 미술과는 달리 사실적인 것을 추구하는 그리스 미술이 등장했다가, 미술이 신을 위한 수단이 되는 중세를 맞이했다. 그리스 문화의 부활을 꿈꾸는 르네상스 시대가 들어섰고, 평면 회화

아트테크 큐레이션

파블로 피카소, 〈마리 테레즈 발테르의 초상(Portrait de Marie Therese Walter)〉, 1937
ⓒ 2022 – Succession Pablo Picasso – SACK(Korea)

에서 원근법이 적용되며 작품 속에 공간감이 만들어졌다. 오늘날에는 당연한 원근법이 당시에는 굉장히 놀라운 기법이었다. 르네상스 시대에는 천재 예술가 세 명이 있다. 레오나르도 다빈치, 미켈란젤로 부오나로티, 라파엘로 산치오다. 프랑스가 멸망하는 한이 있어도 팔지 않을 것이라는 〈모나리자〉를 들여다보자. 오묘한 미소만큼이나 주목해야 할 것은 그림의 경계와 배경이다. 지금으로서는 가까이에 있는 앞의 인물을 뚜렷하게 표현하는 것이 충분히 이해되지만 그 당시만 해도 매우 파격적인 시도였다. 라파엘로의 〈아테네 학당〉에도 이러한 원근법이 적용된다. 이집트 미술처럼 많은 인물이 등장해도 시선이 분산되지 않고 가운데로 초점이 맞춰지는 것은 이러한 원리를 적용해서다. 사람의 신체도 과거 이집트와는 매우 다르게 표현했다. 사실적이고 현실적이다.

당대의 천재들이 휩쓸고 지나간 르네상스 시대를 뒤로하고 빛을 사용한 작품들이 등장한다. 카라바조, 페테르 파울 루벤스, 렘브란트 판 레인이 이끈 바로크미술이다. 바로크미술도 역시나 "기괴하다"는 조롱을 받으며 시작되었다. 그러나 바로크미술 이후 미술 작품 속 대상이 달라졌고, 작품에 빛을 극적으로 넣어서 명암을 구분했다. 이 기법은 오늘날까지 많은 예술가에게 영향을 끼친다. 미술관 벽에서 이러한 기법의 작품을 많이 만날 수 있는 이유다. 그러나 바로크미

레오나르도 다 빈치, 〈모나리자〉, 1503~1506, 루브르박물관

라파엘로, 〈아테네 학당〉, 1509~1510, 바티칸 서명의 방

카라바조, 〈카드놀이 하는 사람들〉, 1594, 킴벨미술관

술은 가치에 비해 미술사에서 인정받는 데 꽤 오랜 시간이 걸렸다. 바로크미술을 대표하는 예술가 카라바조는 20세기에 재발견되었다. 당시에는 인정받지 못했던 미술사가 후대에는 가치 있는 역사로 평가받은 것이다.

원근법과 빛에 이어 예술의 주체가 달라지며 작품 속 이야기에도 변화가 생긴다. 신, 왕족, 귀족에서 시대를 대변하는 영웅, 경험, 모험이 미술 작품에 등장한다. 프랑스 시민혁명 이후 낭만주의와 사실주의가 등장했다. 예술가들은 더 이상 왕과 귀족을 위한 작품이 아닌, 예술가 자신의 감정을 드러낼 수 있는 그림을 그렸다. 소수 특권층의 전유물이었던 미술이 다수의 대중으로 넘어왔다. 외젠 들라크루아의 〈민중을 이끄는 자유의 여신〉과 장 프랑수아 밀레의 〈이삭 줍는 여인들〉을 살펴보자. 미술의 목적과 분위기가 확연하게 달라진 것을 알 수 있다.

그 후 미술사에서 가장 사랑받는 미술 사조인 '인상주의'가 등장했다. 인상주의 이전에 작가들은 자기 주변에서 일어나는 사실적인 상황을 해석했는데, 이제 작가는 자기 자신의 내면을 바라보았다. 그 영향에는 오늘날 누구나 사용하는 카메라의 발명이 한몫했다. 무언가를 기억하고 기록하는 수단으로 그림을 그릴 필요가 사라진 것이다. 똑같이 그리는 것이 의미 없어지면서 예술가의 눈을 거쳐 바라본

외젠 들라크루아, 〈민중을 이끄는 자유의 여신〉, 1830, 루브르박물관

장 프랑수아 밀레, 〈이삭 줍는 여인들〉, 1857, 오르세미술관

아트테크 큐레이션

세계가 화폭에 담겼다. 이에 인상주의는 "캔버스 위에 물감을 대강 붓질해 발라놓고는 거기에 자신들의 이름을 써넣는다"라며 조롱받았다. 클로드 모네, 빈센트 반 고흐, 폴 고갱, 오귀스트 르누아르 등이 인상주의에서 후기 인상주의까지 이 흐름을 이어받은 대표 작가다. 아이러니하게도 당대의 반응과는 다르게 현재에는 전 세계에서 가장 사랑받는 미술 사조라 할 만하다.

그 후 20세기 초기에 모더니즘이 시작된다. 이때 많은 추상화가와 초현실주의 예술가가 등장하며 대상과 주제를 한정 짓는 게 중요하지 않게 된다. 사랑에 빠진 사람이 날아다니고, 대형 시계가 액체처럼 녹아내리는 장면이 작품으로 등장했다. 상상할 수 있는 모든 것이 예술가의 예술로 화폭에 담겼다. 회화에 제한이나 경계가 사라졌다. 종이에 3D를 구현한 작가도 등장하는데, 그가 바로 피카소다. 한 작품 안에 대상의 앞모습과 좌우 옆모습을 담았다. 이후 피카소는 프랜시스 베이컨에게 영향을 끼쳤고, 프랜시스 베이컨은 다시 데미언 허스트에게 영향을 끼친다.

그간의 미술사에서 증명하듯, 화폭에 담을 수 있는 건 다 담았다. 신과 사람, 존재하는 것과 존재하지 않는 것, 보이는 것과 보이지 않는 것까지 그렸다. 이에 예술가들은 예술의 경계를 벗어난다. 왜 소변기라는 레디메이드가 예술 세계에 등장했는지 이제 좀 이해되는

클로드 모네, 〈인상, 해돋이〉, 1872, 마르모탕 모네 미술관

빈센트 반 고흐, 〈별이 빛나는 밤〉, 1889, 뉴욕현대미술관

가? 요즘 현대미술을 바라보면 100여 년 전 레디메이드를 예술 세계로 끌고 들어온 뒤샹은 그나마 양반이다. 어쨌거나 소변기는 관리를 잘하면 오랫동안 전시라도 할 수 있으니 말이다. 현대미술에서는 변기에 이어서 자고 일어난 침대도, 돈을 주고 구매할까 싶은 온갖 대상들도 다 예술이라고 부른다. 죽은 상어를 유리 상자에 담아 작품으로 거래하기도 한다. 데미언 허스트의 〈살아 있는 자의 마음속에 존재하는 죽음의 물리적 불가능성(The Physical Impossibility of Death in the Mind of Someone Living)〉이다. 마우리치오 카텔란은 어디에서나 살 수 있는 바나나를 두고 〈코미디언(Comedian)〉이라고 이름 붙였다. 먹거나 썩으면 사라지는 이 바나나는 한화로 약 1억 5,000만 원에 거래된다. 이제는 예술가의 '개념'까지 예술로 받아들이며, 벽에 붙인 바

마우리치오 카텔란, 〈코미디언〉, 2019,
구겐하임미술관 ⓒ 한국경제 DB

나나로 표현한 예술가의 개념을 사기 위해 기꺼이 돈을 지불한다. 물론 뒤샹의 〈샘〉이 등장하지 않았다면 세상에서 가장 비싼 바나나인 〈코미디언〉은 존재하지 않았을지 모른다. 최근에는 미술이 현실 세계에서 벗어났다. 가상 화폐로 거래하며 가상 세계에서 전시할 수 있는 NFT 미술이 등장했다. 현재진행 중인 이야기다.

지금까지 고전미술에서 현대미술까지 미술사의 간략한 흐름을 살펴봤다. 한 시대를 주름잡는 화풍은 당시의 시대상을 반영했고, 새로운 미술 사조는 새로운 사고에서 시작됐다. 이해하기 어려운 작품을 두고 조롱했으나, 사회가 예술을 수용한 덕에 새로운 세계를 만나며

아트 딜러의 TIP

미술사를 깊이 있게 공부하고 싶다면?

추천 도서 (가나다순)

▶ 《발칙한 현대미술사: 천재 예술가들의 크리에이티브 경쟁》, 윌 곰퍼츠 저, 김세진 역, 알에이치코리아(RHK), 2014.
▶ 《서양미술사》, 에른스트 H. 곰브리치 저, 백승길·이종숭 역, 예경, 2003.
▶ 《클릭, 서양미술사: 동굴벽화에서 개념미술까지》, 캐롤 스트릭랜드 저, 김호경 역, 예경, 2012.
▶ 《클릭, 한국미술사: 빗살무늬토기에서 모더니즘까지》, 강민기·이숙희·장기훈·신용철 저, 예경, 2011.

그 사회를 폭넓게 이해하는 데 도움을 주었다. 순수미술과 상업미술을 구분하는 의미가 사라졌다. 여전히 많은 이들이 사회를 상징하는 미술 작품으로 타인에게 인정받는 욕구를 충족하기도 한다.

미술사를 몰라도 작품을 바라보는 데 문제는 없다. 다만, 방대한 미술사를 짧게나마 다룬 이유는 모든 미술은 시대와 사회를 반영하며 예술적 가치를 인정받았고, 이후 우리가 마주칠 작품들을 어떤 태도로 바라봐야 하는지 고민할 필요를 제기하고 싶어서다. 미술은 일상에 특별함을 더해준다. 우리 주변이 하나의 예술 작품으로 담기기까지 이와 같은 역사가 있었다. 덕분에 우리는 미술을 감상하고 공부하며 일상의 특별함을 깨우친다. 이것이 당장 100만 원, 1억 원으로 미술품이 거래되는 것보다 더 중요한 미술의 가치다.

 아트 딜러의 TIP

파리에서 뉴욕으로 현대미술의 중심이 옮겨 간 시기를 보고 싶다면?

추천 영화 〈페기 구겐하임: 아트 애딕트〉

전설적인 컬렉터 페기 구겐하임의 인생을 다룬 영화다. 그녀는 제2차 세계대전 때 파리에 있던 예술가들이 뉴욕으로 이동하는 것을 돕고 잭슨 폴록을 발굴한 것으로 유명하다. 누구보다 고독하고 외로웠지만, 예술과 함께하며 풍요롭게 인생을 살았던 페기 구겐하임의 이야기를 통해 현대미술을 한층 더 깊이 이해해보자.

콕 찍어준다!
알아두어야 할 유명 작가들

매년 미술계는 유명 작가의 새로운 작품과 유망 작가의 기발한 작품으로 들썩인다. 새로운 스타가 끊임없이 등장하니 '꼭 알아야 하는 미술가'가 책 한 권 분량이다. 앤디 워홀, 도널드 저드, 브루스 나우먼, 데이비드 호크니, 안토니 곰리, 뱅크시 등 미술사에 발자취를 남긴 현대 예술가가 정말 많다. 모두 담지 못하는 아쉬움으로 기억하면 좋은 작가를 나열하고, 특히 소개하고 싶은 작가는 간단하게 설명하고자 한다. 서양, 아시아(중국, 일본), 한국, 흑인 아티스트로 분류한다. 그 밖에 더 알고 싶은 작가가 있다면 59쪽(이건희 컬렉션 편)과 163쪽(GD, RM 편)을 참고하자.

단위: 백만 원

순위	낙찰 총액 순위		낙찰 작품 수 순위	
	작가명	낙찰 총액	작가명	낙찰 수
1	이우환	20,074.3	이우환	137 (410)
2	쿠사마 야요이	13,814.5	무라카미 다카시	106 (260)
3	박서보	8,401.5	김정호	94 (92)
4	김환기	4,959.8	김창열	92 (414)
5	아야코 록카쿠	4,725.9	문형태	91 (316)
6	이배	4,298.7	민경갑	90 (166)
7	김창열	3,847.8	박서보	88 (229)
8	윤형근	3,075.6	이배	86 (117)
9	이건용	2,646.8	이건용	85 (159)
10	스탠리 휘트니	2,519.9	애덤 핸들러	74 (21)
11	전광영	1,825.7	하태임	73 (108)
12	나라 요시토모	1,653.9	신흥우	70 (127)
13	이강소	1,588.1	이왈종	69 (274)
14	김종학	1,561.9	김기창	66 (143)
15	정상화	1,505.0	전혁림	65 (71)
16	김태호	1,284.6	청신	64 (9)
17	하종현	1,276.0	콰야	63 (37)
18	샤라 휴즈	1,194.0	이종기	62 (21)
19	우고 론디노네	1,180.7	허백련	61 (135)
20	김선우	1,129.5	서세옥	60 (131)
*( )는 2021년 총 낙찰 작품 수				

출처: 2022 상반기 한국 미술시장 세미나

👤 서양

수많은 서양 작가들은 전 세계 예술가에게 영향을 끼친다. 글로벌 옥션인 소더비즈와 크리스티에는 미국, 영국, 독일 등의 작가가 끊임없이 등장하고, 주요 미술관에는 이들의 작품이 다수 소장되어 있다.

앤디 워홀은 오늘날 미국을 대표하는 작가이자, 팝아트를 예술의 경지로 끌어올린 예술가다. 미술계에서는 '제2의 앤디 워홀', '영국의 앤디 워홀' 등 그의 이름을 하나의 수식어처럼 사용하는 모습을 종종 볼 수 있다. 현대미술가뿐만 아니라 대중문화에서 그의 영향력은 여전히 매우 뿌리 깊다. 그를 오마주한 모습을 각종 매체에서 접할 수 있을 정도다. 앤디 워홀은 매릴린 먼로를 담은 시리즈를 각각 다른 색으로 5점 제작했는데, 그중 푸른색 바탕의 〈샷 세이지 블루 매릴린(Shot Sage Blue Marilyn)〉은 2022년 5월 크리스티 뉴욕 경매에서 1억 9,500만 달러(약 2,500억 원)에 낙찰되었다. 20세기 미술 작품 중 역대 최고가다.

앤디 워홀의 후계자로 불리는 제프 쿤스는 새로운 미니멀리즘을 창시한다. '포스트모던 키치의 왕'으로 불리는 그의 대표작은 '브랑쿠시의 토끼'라는 별명이 붙은 41인치 크기의 스테인리스 토끼다. 〈토끼(Rabbit)〉는 2019년 크리스티 뉴욕 경매에서 수수료를 포함해

앤디 워홀, 〈샷 세이지 블루 매릴린〉, 1964 ⓒ 크리스티 제공

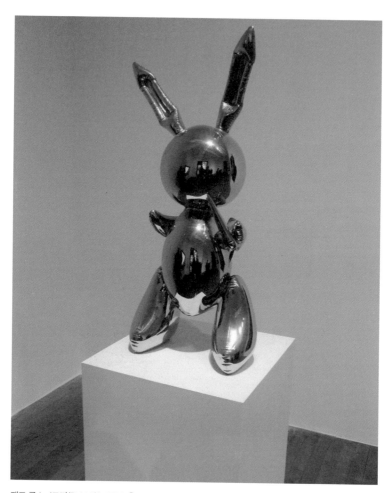

제프 쿤스, 〈토끼(Rabbit)〉, 1986 ⓒ Jim Linwood

9,107만 5,000달러(약 1,085억 원)에 낙찰됐다. 이는 생존 작가 중 최고가이며, 2위는 영국의 현대미술가 데이비드 호크니다.

제프 쿤스는 예술계의 통념에 도전하는 작업을 하는데, 이러한 행보는 동시대 예술가에게 큰 영향을 끼친다. '현대미술의 악동'으로 불리는 데미언 허스트도 그의 영향을 받았다. 그는 토막 낸 상어와 죽은 소, 다이아몬드를 박은 해골 등의 작업으로 악성과 호평 사이에 서 있다. 2008년에는 작품을 갤러리가 아닌, 런던 소더비즈에 직접 위탁하고 단독 경매로 판매해 화제가 되었다. 당시 작품 223점 중 218점이 낙찰되었으며, 낙찰액은 1억 1,157만 파운드(약 2,290억 원)다. 얼굴 없는 예술가 뱅크시도 새로운 행보를 이어가고 있는 현대 예술가 중 하나다. 작가이자 영화감독으로 사회를 풍자하는 주제를 주로 다룬다. 스스로를 '예술 테러리스트'라고 칭하는데, 미술계를 놀라게 하는 퍼포먼스를 이벤트처럼 선보인다. 유명 미술관에 작품을 몰래 설치해 미술계를 비판하고 관람객의 태도를 풍자하거나, 경매에서 작품이 낙찰되자마자 미리 설치해둔 파쇄기로 작품을 자르기도 했다.

최근 국내 미술계는 해외 미술시장의 흐름을 따라간다. 우고 론디노네, 스탠리 휘트니, 하비에르 카예하, 애덤 핸들러, 대니얼 아샴, 니콜라스 파티, 줄리안 오피, 장 미셸 오토니엘 등은 이미 국내에 두터운 팬층을 거느리고 있다. 캐서린 번하드, 조르디 커윅, 사볼츠 보조,

우고 론디노네 개인전 〈바다의 수녀와 수도승〉 설치 전경 ⓒ 한국경제 DB

로버트 나바도 국내에 다수의 팬을 거느린다.

　이 밖에도 게르하르트 리히터, 데이비드 해먼스, 루시안 프로이트, 뤽 튀망, 로버트 고버, 로버트 라우센버그, 로이 릭턴스타인, 리처드 프린스, 마우리치오 카텔란, 마이크 켈리, 매튜 바니, 브루스 나우먼, 사이 톰블리, 안드레아스 거스키, 안토니 타피에스, 프랜시스 베이컨 등 많은 서양 예술가들은 오늘날에도 큰 영향을 끼친다. 당장 나열해서 이 정도이며, 다루지 못한 예술가가 훨씬 많다.

　　　　　　　　　　　　　　　　　　　　아트테크 큐레이션

🗿 아시아(중국, 일본)

중국 미술시장이 기하급수적으로 커지면서 중국의 작가들도 세계 무대에서 높은 관심을 받고 있다. 중국의 민족성, 사회성, 예술성을 접목한 것이 특징이다. 아이덴티티가 잘 드러난 작품은 시간이 지날수록 더 인정받는다. 그런 의미에서 중국, 일본, 그리고 흑인 아티스트들의 작품이 시장에서 사랑받는 이유를 유추할 수 있다.

웨민쥔, 장샤오강, 쩡판즈, 아이웨이웨이, 자오우키, 팡리쥔은 이미 국내 미술계에서도 익숙한 중국 미술계의 거장이다. 중국 미술시장이 커질수록 이들의 작품에 대한 수요가 더 늘어날 것으로 기대하고 있다.

일본 작가들로는 무라카미 다카시, 쿠사마 야요이, 나라 요시토모와 혜성처럼 등장한 아야코 록카쿠, 에가미 에츠가 인기다.

쿠사마 야요이는 현존하는 최고의 예술가 중 하나다. 무수한 점은 그녀의 강박증과 환영에서 시작되며, 개인적인 상처가 작품의 배경이다. 2022년 국내 상반기 작가별 경매 낙찰 총액 순위에서 138억 2,000만 원으로 2위를 기록한 만큼 국내에서도 큰 사랑을 받으며 10년 사이에 작품 거래가가 약 7배나 상승했다. 특히 쿠사마 야요이의 '호박'은 아트 상품으로도 인기와 수요가 높다. 마크 제이콥스는 그녀와 컬래버레이션을 진행하기 위해 6년간 요청했으며, 루이비통, 아우디, 랑콤과도 작업했다.

무라카미 다카시는 오타쿠 문화를 예술 세계에 접목한 작가다. 그의 '플라워'는 이미 국내에서도 매우 많은 팬에게 인기를 끌고 있다. 그는 카이카이키키(Kaikai Kiki Co., Ltd)를 설립해 일본의 신진 작가를 육성하고 애니메이션 제작 등 다양한 활동을 하고 있다. 최근에는 작

일본 시코쿠 가가와현 나오시마 섬 바다 인근에 설치된 쿠사마 야요이의 조형물 〈호박〉

품의 많은 공급량 때문인지 작품가 상승 폭이 높지 않다. 그러나 그는 작품가를 떠나 일본 현대미술계에 큰 영향을 끼치는 매우 중요한 작가다. 카이카이키키 소속 작가로는 국내 컬렉터에게 익숙한 미스터, 매드사키, 타카노 아야 등이 있으며, 떠오르는 작가인 아야코 록카쿠는 무라카미 다카시를 통해 미술계에 소개되었다.

무라카미 다카시의 카이카이키키 ⓒ Tadeas Navratil

🗿 한국

국내에는 김환기, 이우환, 박서보, 김창열, 윤형근, 하종현, 이배, 이건용, 김구림, 서승원 등 추상·단색·아방가르드 미술의 대가가 있다. 김환기 화백은 한국 미술계에서 절대 빼놓을 수 없는 작가로, 이 책에서도 몇 번 언급했을 정도다(김환기 화백에 대한 내용은 59쪽 이건희 컬렉션 편을 참고하자). 그를 잇는 유일한 작가로 이우환 화백을 주목한다. 이우환 화백은 점, 선, 바람을 고유의 화풍으로 표현하는 단색화의 대표 예술가다. 외국 유명 미술관과 갤러리에서 접할 정도로 국내만큼이나 외국에서의 인지도가 상당하다. 절제된 붓 터치와 색감은 작품 속에서 묘한 긴장감을 만든다. 이우환 화백의 힘은 시장에서 여전히 뜨겁다. 2022년 상반기에 137점이 약 200억 원에 낙찰되며 경매 거래 낙찰 총액 및 순위에서 1위를 기록했다. 2018년부터 꾸준하게 낙찰 총액이 1~2위를 기록하고 있어 국내 컬렉터들의 깊은 관심이 엿보인다.

우국원, 청신, 문형태, 콰야, 김희수, 김선우 작가는 미술시장에서 많은 사랑과 지지를 받고 있다. 그중 우국원 작가는 유명 배우들의 집 소개에 등장하며 매체에 노출되었고, BTS 멤버 뷔가 자신의 계정에 작가를 소개하면서 해외 MZ세대에게도 관심을 받고 있다. 강

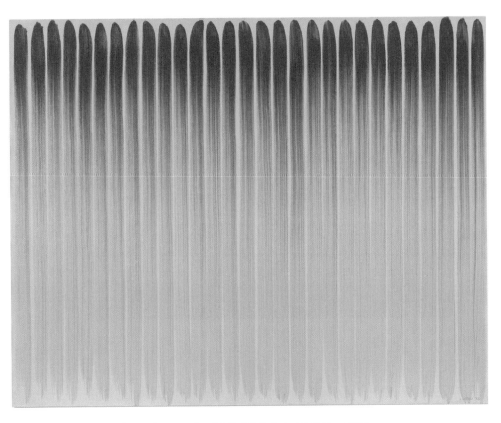

이우환, 〈선으로부터(From Line)〉, 1974 ⓒ ADAGP, Paris – SACK, Seoul, 2022

우국원, 〈케세라세라(Que Sera Sera)〉, 캔버스에 유채, 181.3×221cm, 2021
(출처: 우국원스튜디오 제공)

렬한 붓 터치와 색감, 그리고 흘려 쓴 문구는 마치 성인을 위한 동화 같다. 2022년 홍콩 크리스티 경매에서 그의 〈케세라세라(Que Sera Sera)〉가 3억 원에 낙찰되며 작가 경매 최고가를 경신했다.

흑인 아티스트

흑인 아티스트를 대표하는 장 미셸 바스키아는 뉴욕 출신의 화가다. '아프리카'가 아닌 '인종'으로 나누는 것은 그만큼 흑인 아티스트의 작품 속 강렬한 개성이 국가와 거주지에 상관없이 뚜렷하기 때문이다. 2022 베네치아 비엔날레에 미국 대표 작가로 선정된 시몬 리를 비롯해 아모아코 보아포, 맥아서 비니언, 케리 제임스 마셜 등이 있다.

아트 딜러의 TIP　　　　**세계 미술시장의 흐름을 보고 싶다면?**

소더비즈와 크리스티

낙찰과 동시에 파쇄되어 세상을 놀라게 한 뱅크시의 〈소녀와 풍선(Girl with Balloon)〉은 런던 소더비즈 경매에서, 전 세계 낙찰 최고가를 기록한 레오나르도 다빈치의 〈살바토르 문디〉는 크리스티 뉴욕 경매에서, 비플의 〈매일: 첫 5000일〉은 크리스티 온라인 경매에서 거래되었다. 전 세계 유명 미술가들의 작품이 옥션을 통해 거래되며 미술시장에 데뷔하고, 현재 미술시장의 이슈가 경매를 통해 소개된다. 옥션에 대한 내용은 186쪽 경매 편을 참고하자.

팝아트의 선구자 앤디 워홀이 궁금하다면?

추천 다큐멘터리 〈앤디 워홀 일기〉

1968년에 겪은 총격 사건 이후 앤디 워홀이 작성한 일기를 바탕으로 넷플릭스에서 만든 다큐멘터리다. 미국의 대표 예술가 앤디 워홀의 일상과 그가 느낀 감정들을 엿볼 수 있다. 당시 활동하던 예술가들의 모습과 사회 분위기는 덤이다. 현대미술 속 예술가의 삶이 궁금하다면 찾아보자. 《앤디 워홀 일기》는 책으로도 만날 수 있다.

전시회도 오픈 런을?
이건희 컬렉션

그렇다면 미술사는 예술가들에 의해서만 쓰인 역사일까? 여기에 대한 나의 대답은 "아니요"다. 모든 미술 작품은 거래되면서 세상에 알려지고 인정받았다. 유명한 예술가의 작품이 뒤늦게 드러난 사례가 있을지언정, 단 한 건이라도 거래되지 않은 예술 작품을 오늘날 우리가 알기란 어렵다. 매번 강의에서 하는 이야기가 있다. "만약 피카소의 작품을 아무도 구매하지 않았다면, 오늘날 우리가 피카소를 알 수 있을까?"다. 미술사는 예술가와 컬렉터가 함께 만든 역사다.

한국 미술사의 굵직한 거장들도 컬렉터에 의해 역사를 함께했다. 김환기 화백(1913~1974년)은 국내 미술사에서 절대 빼놓을 수 없는 우리나라 대표 작가다. 현재 김환기 화백의 작품 거래 최고가는 약 150억 원이다. 다른 작품들도 가치를 인정받으며 높은 가격에 거래되면서 국립현대미술관에서 그의 대표작을 구매하기란 하늘의 별 따기다. 그런데 김환기 화백의 주요 작품이 국가에 기증되는 일이 벌어졌다. 김환기 화백의 〈여인들과 항아리〉와 〈산울림 19-II-73 #307〉이다.

〈여인들과 항아리〉는 한국전쟁 직후인 1950년대에 당대 최고의 재벌이었던 삼호방직의 정재호 회장이 주문한 작품이다. 가로 약 5미터가 넘는 대작으로, 파스텔 톤의 색면으로 배경을 구성했으며, 가슴을 드러낸 여성들과 김환기 화백이 즐겨 사용했던 핵심 소재가 작품 속에 등장했다. 현재 우리에게 익숙한 추상 작업 이전에 김환기 화백은 달 항아리, 새, 사슴 등을 소재로 그렸다. 다양한 소재와 색감이지만, 복잡한 느낌이 아니라 단순하고 전통적이다.

〈산울림 19-II-73 #307〉은 현재 많은 사랑을 받고 있는 뉴욕 시기

김환기, 〈여인들과 항아리〉, 캔버스에 유채, 282×567cm, 1950년대 ⓒ (재)환기재단·환기미술관

의 점화 중 한 점으로, 작가 최고 거래가를 기록한 작품 역시 이 시기에 제작되었다. '환기블루'라는 말이 있을 정도로 김환기 화백은 푸른색을 즐겨 사용했다. 그가 찍은 점들은 산의 울림으로 관람객을 두드리기도 하고, 우주를 이뤄 향수를 조명하기도 했다. 두 작품을 통해 우리는 그의 시기별 작업 특징을 볼 수 있다. 그의 대작은 아트 컬렉터였던 고 이건희 회장(1942~2020년)을 만났고, 그에 의해 대중에게 공개되었다. 한 컬렉터에 의해 가치 있는 작품이 미술관에 기증되고, 한국 미술사에 길이 남을 역사가 기록된 것이다.

고 이건희 회장이 수집한 문화재와 미술품으로 구성된 '이건희 컬렉션'의 작품 수는 2만 3,181점이다. 감정가는 어림잡아 2조~3조 원으로 평가되는데, 우스갯소리로 국립현대미술관의 예산을 100년 동안 모아도 모두 구매하지 못한다고 얘기한다. 이건희 회장은 작품이 좋으면 값을 따지지 않고 구매한 것으로 유명하다. 그의 판단 덕분에 퀄리티 높은 작품이 한자리에 모일 수 있었다. 이건희 컬렉션을 두고 '세기의 기증'이라고 평가하는 이유다. 겸재 정선, 김환기, 이중섭과 마르크 샤갈, 르누아르, 클로드 모네 등 누구나 알 만한 국내외 유명 작가들의 작품을 만날 수 있었다. 모네는 인상주의의 창시자로, 1899년부터 수련을 그려서 20년 동안 250여 점을 남겼다. 이건희 컬렉션에서 공개한 작품과 유사한 〈수련〉 시리즈 중 다른 한 점이 2008년

김환기, 〈산울림 19-II-73 #307〉, 코튼에 유채, 264×213cm, 1973
ⓒ (재)환기재단·환기미술관

클로드 모네, 〈수련이 있는 연못〉, 1917-1920, 국립현대미술관

뉴욕 소더비즈에서 약 800억 원에 거래되었다. 2021년에 이어 2022년에도 많은 국민들이 '이건희 컬렉션'을 보려고 전국의 박물관과 미술관을 방문했다. 미술 작품을 보기 위해 치열한 예매 경쟁이 벌어질 정도였다. 이러한 관심은 미술시장에 긍정적인 영향을 끼쳐서 많은 이들로 하여금 아트 컬렉팅을 시작하게 했다.

아마 이 책을 읽는 독자의 대다수는 이제 막 미술에 관심을 가졌으리라 예상한다. 미술 작품을 어디에서 보고, 어떻게 구매할지 고민하는 것에서 우리가 걸어갈 미술사는 시작한다. 당신의 관심으로 어느 예술가는 예술 세계를 꽃피울 것이고, 잘 관리한 작품으로 스스로의 역사도 함께 만들어갈 것이다. 그림에 관심을 두고 구매하는 것이야말로 미술사를 함께 만들어가는 것이다.

아트 딜러의 TIP

컬렉터가 설립한 국내 3대 미술관은 어디 어디일까?

간송미술관, 호암미술관, 호림박물관

간송 전형필, 호암 이병철, 호림 윤장섭의 공통점은 미술을 사랑했고, 잘 보존해서 후대에 남겼다는 점이다. 이들은 해외에 반출된 문화재를 사들이거나 수집하며 우리나라의 문화유산을 지킨 것으로도 유명하다. 한국의 굵직한 근현대사를 견디며 수집과 소장을 넘어 자신의 호를 딴 미술관과 박물관을 설립했다. 바로 국내 3대 사립 미술관으로 불리는 간송미술관, 호암미술관, 호림박물관이다. 간송미술관은 서울 성북구, 호암미술관은 경기도 용인, 호림박물관은 서울 관악구와 강남구에 자리하고 있다. 꼭 방문해서 이들이 사랑하고 지킨 문화유산을 함께 향유하길 추천한다.

아트테크 큐레이션

교양 있어 보이는 나,
그런데 돈도 된다?

좋은 작품이 있다면 언제 어디라도 달려가서 아끼고 아낀 돈을 지불하고 구입하여, 밤새워 그 작품에 대해 연구하는 열정도 필요하다. 그 과정 자체에서 수집가는 그 무엇과도 바꿀 수 없는 희열을 맛본다. 다른 재산이 늘어나서 느끼는 만족감과는 전혀 다르다.

－문웅,《수집의 세계》

《수집의 세계》의 저자 문웅은 "좋아하는 작가의 작품을 소장하는 건 그의 인생 일부를 공유하는 것"이라고 이야기한다. 그만큼 미술품을 가까이에서 접하는 것은 예술가의 비전을 함께하는 일이자 매우 특별한 일이다. 최근에는 미술품 구매만큼이나 판매에 목적을 둔 이들이 늘어나면서 아트 컬렉팅과 아트테크가 구분되고 있다. 아트 컬렉팅은 작품을 구매하며 돈을 쓰는 것 이상의 가치를 누린다. 세상에 한 점뿐인 예술품으로 자신만의 라이프 스타일을 만들어간다. 원화를 두고 유니크 피스(unique piece)라고 부르는 이유다. 여러 컬렉터는 미술품으로 자신만의 이야기를 만들고, 이를 다른 컬렉터들과 공유하며 새로운 분위기를 조성한다. 아트테크란 '아트'와 '재테크'의 합성어로, 미술품 재테크를 뜻한다. 미술품 거래로 이익이 발생하기 때문에 생겨난 말이다. 대표적인 방식으로 재판매(resell: 리셀)가 있다. 정서적 가치와 수집의 만족감을 얻는다는 점에서는 컬렉팅에 가깝고, 경제적 가치와 자산 증식이 이루어진다는 측면에서는 재테크에 가깝다.

▶ 아트컬렉팅과 아트테크 비교

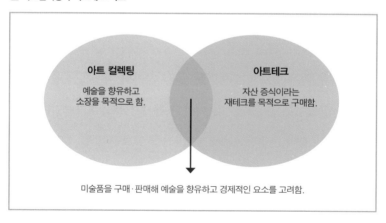

아트 컬렉팅
예술을 향유하고
소장을 목적으로 함.

아트테크
자산 증식이라는
재테크를 목적으로 구매함.

미술품을 구매·판매해 예술을 향유하고 경제적인 요소를 고려함.

미술품은 과시적인 측면을 지닌다. 생필품이 아닌 미술품을 구매하는 것 자체로 재력을 보여주거나, 구하기 힘든 작품을 구매한 것, 또는 특정 작가와 작품을 아는 것으로도 안목을 드러낸다. 미술품으로 재테크를 하는 것을 '부자들의 전유물'이라고 불렸던 이유다. 실패가 적은 것도 아트테크의 특징이다. 경제적 이익을 얻지 못해 재테크 측면에서는 손해를 봤더라도, 좋은 작품을 곁에 두고서 누리는 것은 돈으로 값을 매길 수 없는 정서적 가치를 가진다. 이것이 바로 다른 자산들과의 차이점이다.

그러나 이 둘은 완전히 나누긴 어렵다. 컬렉팅이 목적이었지만 개인 사정으로 그림을 판매해 수익을 볼 수도 있고, 재테크로 구매했어도 미술의 가치를 발견하고 컬렉팅으로 전환할 수도 있기 때문이다. 대부분의 컬렉터는 컬렉팅과 재테크의 교차점에 있다. 초기 구매 목적이 경제적 이윤이 아닐지라도 뜻밖의 높은 가격으로 리셀을 제안받는데 한 번도 흔들리지 않을 수 있을까?

그림을 통해 자신의 취향을 사고, 현물 자산에 투자하는 일을 하면서 자신만의 아트 라이프를 이루어나가는 이들도 있다. 수집과 자산 증식의 목적으로 컬렉팅하는 이들이다. '아트 토이'라고 부르는 예술가의 피규어도 하나의 시장을 구축했다. 아트 토이는 장난감 이상으로 하나의 예술품이자 하나의 자산으로 인정받는다. 또한 국내에는 다양한 미술품 재테크 방법이 등장했다. 공동 구매, 위탁 렌털 등 미술품을 예술의 향유가 아닌, 수익을 창출하는 투자품으로 바라보고 있는 것이다. 그렇다면 궁금해진다. 미술품 거래의 실제 수익은 어떨까?

씨티은행의 보고서에 따르면, 2020년 초부터 2021년 중반까지 코로나19 유행 기간에 자산가들은 전체 미술품을 통해 28.2퍼센트의 수익률을 기록했다. 미술 분야로 나누어 보면, 현대미술 작품은 25퍼센트, 인상주의 작품은 41퍼센트다. 이는 9.8퍼센트를 기록한 부동산보다 높은 수치인데, 미술로 향유하는 예술적 가치를 숫자로 환산할 수 있다면 실제로 얻은 가치는 이보다 훨씬 더 높다. 다만 유의할 점이 있다. 자산가들은 그간 쌓은 인맥과 안목을 동원해서 자산이 될 만한 작품의 정보를 접한다. 어느 정도 안정적이라고 평가받았거나 미래 가치를 내다볼 수 있는 작품이다. 그러므로 이를 모든 아트테크의 결과로 확대해석하면 안 된다. 많은 컬렉터들이 미술품을 투자 목적으로만 접근하는 것을 경계하는 이유다.

"자본가는 모이면 예술 이야기를 하고, 예술가는 모이면 돈 이야기를 한다"라는 말이 있다. 그만큼 예술과 자본은 분리하기 어렵다. 예술가는 예술이 생계와 연결된다. 창작한 작품을 판매해서 생계를 유지하고, 새로운 작품을 창작할 수 있다. 물론 작품 판매로 생활을 하고 작업을 이어가는 방법은 일부 유명 작가에게 한정된 이야기다. 최근 미술시장에서 많은 작가들이 주목받으면서 작품 판매를 이어가지만, 여전히 수만 명의 작가들은 힘겹게 작업을 해나가고 있다. 돈을 떠나 예술을 하기 어려운 이유다. 동시에 컬렉팅이 아닌 재테크로 접근하는 이들에게는 고민해야 할 부분이다. 많은 예술가들이 어렵게 예술 활동을 영위하는데, 아트테크가 그림만 사면 다 되는 것이라고 보는 자세는 위험하다.

미술품은 안정적 현물 자산으로 금액이 다양해서 접근이 쉽다. 취향과 안목을 고급스럽게 선보이고 나만의 라이프 스타일을 만든다. 취향을 소비하며 가심비를 즐길 수 있고 창작자와 소통할 수 있다. 그림을 한 번도 안 사는 사람은 있어도, 한 번만 사는 사람은 없다. 물론 예외는 있다. 첫 구매의 과정이나 결과가 좋지 않은 경우다. 첫 경험이 별로라면 미술품을 전반적으로 불신하게 되어 추가 구매를 하지 않는다. 그렇다면 미술품이 주는 진정한 매력을 알고 구매해야 하지 않을까? 아트 컬렉팅과 아트테크를 하는 이들에게 필요한 공통의 자세는 아트란 예술임을 인지하는 것이다. 그림은 단순히 수익을 위한 수단이 아닌, 시대와 작가의 철학을 반영하는 매개체이자 예술품이다. 애정과 열정을 가지고 작품을 대한다면 자연히 좋은 작품이 각자가 원하는 좋은 방향으로 이끌 것이다.

지금까지 미술의 배경을 함께 알아봤다. 숨 쉬는 법을 배웠으니, 다음 장부터는 준비운동을 하고 앞으로 나아가는 방법을 알아보려 한다. 다음 장에서 미술품 감상부터 가격 구성 요소까지 함께 살펴 보자.

한국 미술시장의 역사

1970~1980년대: 미술시장의 초석 다지기

1970년대 이전에도 미술품을 소개하고 판매하는 화랑은 존재했다. 그러나 한국 경제가 발전하면서 미술 붐이 일어나고, 본격적인 상업화랑은 서울과 경상도(부산, 대구)를 중심으로 등장했다. 서울의 동산방화랑, 명동화랑, 선화랑, 송원화랑(노화랑), 양지화랑, 조선화랑, 현대화랑과 부산의 진화랑, 대구의 맥향화랑 등이다. 특히 많은 갤러리가 서울 인사동을 중심으로 개관했고, 그로 인해 인사동은 문화 예술인을 위한 공간으로 자리매김했다.

1976년, 화랑들을 중심으로 한국화랑협회가 창립되었다. 1979년에 제1회 한국화랑협회전을 개최했는데, 이것이 오늘날 국내에서 가장 오래된 아트 페어인 '화랑미술제'의 시초다. 현재 한국 미술을 이끌어가는 굵직한 작가들이 청년 작가와 중견 작가로서 작품을 선보였다.

이후 1980년대에는 갤러리가 인사동 중심에서 삼청동, 압구정동 등으로 이전 및 신규 개관을 하기 시작한다. 이는 1990년대 초에 갤러리신라, 조현화랑 등의 설립으로 연결되며, 한국화랑협회의 회원 갤러리가 크게 증가하는 결과를 낳았다. 성장하는 한국 미술시장의 초석을 다지고자 한국화랑협회는 1980년대에 작품 보증서 발행에 관한 규칙을 제정했고, 1987년에는 자체적으로 미술품 경매를 개최했다.

1990년대: 시장의 활성화와 세계화를 위한 도약

문화부가 신설되며 국내 곳곳에서 공공 미술관과 사립 미술관이 설립된다. 마니프 (Manifestation d'Art Nouveau International et Forum, MANIF), 청담미술제와 각종 지역 아트 페어가 등장했으며, 가나화랑, 갤러리현대, 국제화랑 등은 해외 아트 페어에 진출했다.

또한 1993년에는 미술품에 대한 양도소득세 제도가 신설되었다. 이에 한국화랑협회는 문화 발전을 저해한다며 국회에 청원서를 제출했다(이후 미술품 양도소득세 제도는 2013년에 시행되었다).

1995년에 문화부는 '미술의 해'를 지정하고 미술의 대중화에 주력한다. 전국 117개 화랑에서 100만 원 이하 소품전을 동시에 개최했고, '5월 미술 축제: 한 집 한 그림 걸기전'을 열었다. 또한 베네치아 비엔날레에 한국관이 개관했다. 국내에서는 광주비엔날레를 출범해 한국 미술시장의 세계화를 위한 도약을 시작했다.

이어 1998년에 가나화랑은 미술품 경매회사인 '서울경매'를 설립한다. 이는 국내 최초 미술품 경매회사인 '서울옥션'의 전신이다.

2000년대: 성장과 침체를 맞이한 미술시장

2002년에 한국국제아트페어(KIAF, 키아프)가 개최되면서 화랑미술제와 함께 국내에서 가장 규모가 큰 아트 페어로 자리 잡았다. 2005년에는 갤러리현대 계열의 미술품 경매회사인 '케이옥션'이 설립되었다. 이로써 서울옥션과 함께 국내 옥션의 양대 산맥으로 자리매김한다.

미술시장의 열기를 타고 2007년 대규모 아트 펀드가 등장한다. 당시 약 100억 원이 모였고, 그해 한국 미술시장의 규모는 사상 처음으로 약 6,000억 원을 기록했다. 2008년에는 신진 작가들을 대상으로 하는 아트 페어인 '아시아 청년 작가 미술 축제(ASYAAF, 아시아프)'가 개최된다. 또한 박수근 화백의 〈빨래터〉가 45억 2,000만 원에 거래되며 국내 미술품 거래 최고가를 기록했다. 그러나 곧이어 세계 금융 위기가 미술시장을 덮쳤고, 시장은 불황 속에서 큰 타격을 입는다.

2010~2020년대: 한국 미술시장의 세계화

2010년에 한국 미술시장에 단색화 열풍이 불며 김환기 화백, 이우환 화백의 작품이 각각 79억 6,000만 원, 64억 9,000만 원의 높은 가격에 거래된다. 2015년에는 〈뉴욕타임스〉에 단색화가 한국의 고유한 화풍으로 소개되었다. 또한 김환기 화백은 2020년에 국내 작가 최초로 100억 원이 넘는 낙찰가를 기록했다. 이로써 한국 미술의 가능성을 엿볼 수 있었다.

2019년 코로나19로 미술시장이 전반적으로 침체된다. 이에 온라인 뷰잉 룸, 라이브 옥션 등 갤러리와 옥션은 온라인 미술시장을 활성화했으며, 2020년에는 각종 미술품 공동 구매 플랫폼이 등장했다. 온라인과 모바일로 누구나 쉽게 접근할 수 있게 되면서 MZ세대가 미술 조각 작품을 구매하고 인증했다. 아트테크, 아트 컬렉팅의 열기로 미술시장이 활성화되며 2021년 미술시장 매출액은 약 9,100억 원을 기록한다.

또한 해외 유명 갤러리들이 국내에 분점을 내기 시작했으며, 세계 3대 아트 페어 중하나인 프리즈(FRIEZE)가 2022년 9월 국내에서 키아프와 공동으로 개최되었다. 당시 여러 위성 아트 페어가 등장하며 곳곳에서 미술 관련 행사가 개최되었고, 글로벌옥션인 크리스티와 필립스도 아트 페어 기간에 맞춰 국내에 전시를 선보였다.

김환기, 〈Universe 5-IV-71 #200〉, 코튼에 유채, 254×254cm, 1971 ⓒ (재)환기재단·환기미술관

아트테크 큐레이션

참고로 김환기 화백이 뉴욕 시절 작업한 〈Universe 5-IV-71 #200〉(좌측 그림)은 그의 점화들 중에서 가장 규모가 큰 작품이자 유일한 두 폭짜리 그림이다. 작품 속의 수많은 점은 보고 싶은 이를 떠올리며 찍었고, 이는 하나의 우주가 되었다. 사람과 고향에 대한 그리움을 담은 이 작품은 그의 최고작으로 손꼽힌다. 2019년 크리스티 홍콩 경매에서 약 131억 8,750만 원에 낙찰되면서 한국 작가들 중 경매 최고가를 기록했다. 수수료를 포함하면 거래가는 약 153억 4,900만 원이다.

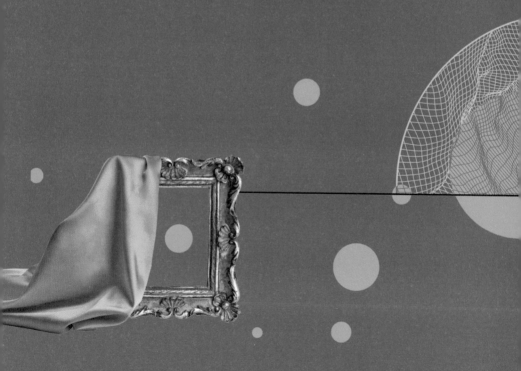

2장

꼼꼼한 MZ세대를 위한
아트테크 공략법

알고 보면 너무 쉬운 미술품 감상법

아트 딜러로 일하며 가장 즐거운 점은 미술을 애호하는 이들과 작품
에 대한 생각을 공유할 수 있다는 것이다. 크레파스로 그림을 그린
다는 일곱 살 꼬마부터 전시를 관람하는 것이 취미인 70대 고객까지
연령대도 매우 다양하다. 그들의 시선에 따라 한 점의 작품이 다양한
해석을 남긴다. 자유로운 감상평을 공유하며 느낀 점은 그림을 자주
접하는 사람일수록 사고의 폭이 넓다는 것이다. 예술을 가까이하다
보면 정해진 정답을 내리는 것이 중요하지 않다는 것을 깨닫는다. 많
은 이들이 작품 앞에서 무엇을 봐야 할지 고민한다. 정해진 감상법이
란 없다. 다음 글이 미술품 감상을 어려워하는 이들에게 하나의 길잡
이가 되길 바란다. 나만의 감상법을 만들어보자.

작가의 고민에서 시작하기

가까운 곳에 종이나 휴대전화가 있다면 펜을 들어 '새'를 그려보자. 당신이 생각하는 새는 어떤 모습인가? 형태를 중시하면 날개와 부리를 그릴 것이다. 누군가는 점을 찍고 멀리 날아가는 새라고 얘기할 수 있고, 또 다른 누군가는 색을 가득 칠한 다음 새를 가까이에서 본 모습이라고 할지도 모르겠다. 우리는 앞에서 다양한 화풍을 접했고, 취향과 해석을 강요하는 것은 현대미술에서 중요하지 않다는 것을 이미 알고 있다. 그럼 이제 예술가들의 작품으로 넘어가보자. 80쪽의 두 작품은 무엇을 의미할까?

마찬가지로 '새'다. 당신은 두 작품에서 무엇을 눈여겨보고 있는가? 왜 새인지 비교할까, 아니면 표현 방법을 살펴볼까? 또는 새라고 할 수 없는 이유를 따져보고 있지는 않은가? 미술은 주관적이다. 앞서 소개한 그림 모두 새가 될 수 있다.

모든 미술 작품에는 작가의 이야기가 담겨 있다. 작품은 작가가 세상과 소통하는 창구다. 작품을 온전하게 감상한 뒤에 작가의 철학을 고민하자. 직관적으로 전하는 것이 뚜렷한 작품이라면 작가의 의도를 눈치채기 쉽지만, 추상 작품이거나 해석이 필요한 작품이라면 그 의미를 파악하기가 어렵다. 하지만 당황할 필요는 없다. 미술 작품은

빈센트 반 고흐, 〈물가의 물총새(Kingfisher by the Waterside)〉, 1887,
암스테르담 반고흐미술관

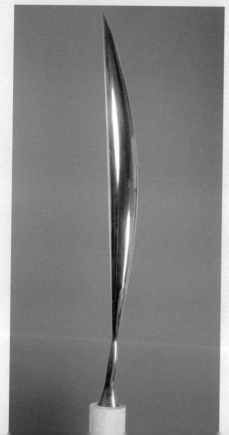

콩스탕탱 브랑쿠시,
〈공간 속의 새(The Bird in Space)〉, 1941
ⓒ Bridgeman Images-GNC media, Seoul, 2022

수학 공식과는 달라서 답이 똑 떨어지는 것이 아니다.

또한 좋은 작품일수록 그 시대와 사회의 모습을 반영한다. 이를 바탕으로 작가의 의도와 사상을 바라보자. 과연 이 작가는 색, 선, 대상을 통해 무엇을 말하고 싶었을까? 그걸 위해 대상을 어느 위치에 넣었고 어떤 구도로 표현했는지 하나씩 짚어보자.

작가가 작품에 숨긴 재미 요소가 무엇인지 찾아봐도 좋다. 그게 작가의 의도가 아닐지라도, 작품에서 나만의 재미 요소를 찾는 것도 작품을 통해 얻는 즐거움이다. 정면, 옆면, 아래와 위에서 작품을 살펴보면 때론 예상치 못했던 것까지 발견하는 기쁨이 있다. 작품을 앞에 두고 나만의 방식으로 고민할 때 미술품에 담긴 진짜 가치를 발견할 수 있고, 이를 두고 다른 이와 소통할 때 예술의 즐거움을 누릴 수 있다.

이미 우리는 작품의 해석이 매 시기에 인정을 받기도 하고, 또는 부정을 당하기도 한다는 것을 안다. 그러니 겁낼 필요가 없다. 당장은 낯선 작품이지만 후대의 평은 다를 수 있다. 지금 당신이 무엇을 생각했건 그게 바로 미술 감상의 시작이다. 예술은 현실 사회를 반영하는 수단이지만 오늘날의 유행만을 반영하는 것이 아니다. 우리가 더 쉽게 받아들이는 그림은 어디선가, 어느 경로를 통해 눈에 들어온 익숙한 그림일 확률이 높다. 익숙하기 때문에 쉽게 받아들이고, 이해하기 때문에 선호한다. 개인의 판단으로 미술품의 가치를 단정하는 것이 위험한 이유다. 누구나 맞을 수 있지만, 누구나 틀릴 수도 있다. 예술 작품은 상호작용을 통해 그 의미와 가치가 결정된다. 하나의 주제를 두고 다양한 의견이 오가는 것이 예술의 매력이다.

🖼 의도적으로 주변 활용하기

미술품을 전시할 때는 여러 가지 요소를 고려한다. 당장 홍보 포스터에 담을 작품부터, 작품의 설치 높이, 캡션, 조명 등이 포함된다. 전시 요소는 작품의 관람에 영향을 끼친다. 이를테면 어두운색 작품을 어두운 벽에 걸고, 전체적인 조명을 어둡게 했다고 가정해보자. 작가의 의도가 어둠 속에서 잘 드러난다면 완벽한 선택일 테지만, 어둠 속에 묻혀 작품을 제대로 선보이지 못한다면 실패한 방법이다. 이렇듯 전체적인 분위기는 작품에 영향을 끼치기 때문에 미술품을 전시할 때 가깝게는 조명과 높낮이(내 시선에서 가장 가깝게 보이는 것이 무엇인지)를 고민해야 한다.

보통 조명은 작품 설치 이후에 작품에 따라 조정한다. 조명이 가리키는 부분이 무엇인지 찾아보자. 작가의 의도를 엿볼 수 있다. 개인전이라면 작품의 전시 순서를 살피자. 전체의 큰 이야기를 중심으로

아트테크 큐레이션

작품을 설치하거나, 의미, 제작 시기, 색감, 크기 등의 이유로 작품의 순서를 정한다. 작품 옆이나 아래에 있는 캡션을 보는 것도 효과적인 방법이다. 캡션이란 작품의 이름표와 같은데, 작가명, 작품명, 제작 연도, 크기(세로×가로) 등이 기재된다(옥션의 출품작에는 기본 사항에 더해 작품의 추정가와 진품임을 확인할 수 있는 서명, 프로비넌스에 대한 정보가 추가로 기재되어 있다). QR코드가 캡션에 들어가는 경우도 있다. QR코드를 휴대폰으로 촬영하면 작품에 대한 정보가 나오는 방법이다. 최근에는 온전한 감상을 위해 캡션을 달지 않기도 한다. 캡션이 없는 경우에는 갤러리 입구 쪽에 지도와 같은 A4종이 한 장이 준비되어 있는데, 그 종이에 작품의 위치와 모든 작품의 캡션이 실려 있다.

▶ 미술품 캡션 예시

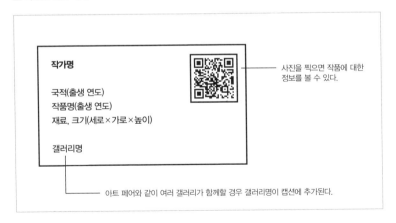

전시의 프로그램이나 홍보물을 활용하는 것도 작품을 이해하는 데 도움이 된다. 미술에 대한 관심이 높아지면서 미술관과 대형 갤러리에서는 일정 시간 동안 전시 해설가인 도슨트를 둔다. 도슨트가 없다면 '작가와의 대화'로 작품을 설명하는 시간을 갖기도 한다. 프로그램 시간을 맞추기 어렵다면 현장의 관계자에게 문의하자. 갤러리는 작품 판매가 목적이기 때문에 작품과 구매 방법에 대한 설명을 들을 수 있다. 또한 전시 포스터나 전시 소개 글을 찾아보자. 일반적으로 전시 포스터에는 메인 작품이 들어가고, 전시 소개 글에는 작가 노트 또는 평론가의 글이 담긴다. 기사도 작가와 작품을 이해하는 데 유용하다. 주로 작가의 에이전시나 갤러리에서 배포한 것으로, 전시에 대한 짧고 굵은 핵심 이야기가 담겨 있다. 다만 이러한 방법은 갤러리 전시에 한해서 적용된다. 아트 페어와 옥션은 여러 작품을 한 번에 다뤄야 해서 모든 작품을 신경 쓰기 어렵다.

🖼️ 이론적인 방법 따라가기: 펠드먼의 비평 4단계

이론적인 감상법이 궁금하다면 펠드먼의 '비평 4단계'를 추천한다. 펠드먼(Eurke B. Feldman)은 비평을 모두 네 가지의 단계로 설명했다. 바로 서술, 분석, 해석, 평가다. 이를 미술품에 대입해보자.

먼저 '서술'이다. 서술은 눈에 보이는 시각적인 것들 위주로 바라보는 단계다. 선의 굵기와 진하기, 색, 형태를 살펴보자. 이러한 시각적인 방법을 통해 다음 단계인 '분석'을 한다. 분석은 서술에서 파악한 시각적인 정보를 통해 작품을 분석하는 단계다. 작가가 색, 선, 형태를 통해 보여주고자 하는 것은 무엇인지 고민하자. 그리고 분석한 정보를 바탕으로 작품을 '해석'하자. 분석을 통해 바라본 작품이 내포한 의미와 작가의 철학을 해석하는 단계다. 작가의 의도와 작품의 의미를 따진다. 마지막은 '평가'다. 해당 작품에 대해 평가를 내리는 것이다. 이를 통해 다른 작품들과 비교를 하고, 작품의 사회적인 가치를 바라본다. 최근에는 소셜 미디어에서 작품에 대한 각자의 해석과 평가를 가감 없이 주고받는다. 작품은 감상하는 이에 따라 다르게 해석될 수 있으며, 그 작품을 받아들이는 컬렉터를 통해 진짜 작품의 이야기가 완성된다.

파울 클레는 "예술은 보이는 것을 재현하는 것이 아니라 보이게 하는 것이다"라고 말했다. 무언가를 완벽하게 알려는 노력보다는, 작품을 통해 바라보는 것에 관심을 기울인다면 진정한 미술 감상을 할 수 있을 것이라고 믿는다.

지금까지 모두 세 가지 감상법을 설명했다. 이러한 방법은 어디까지나 도움이 될 뿐이고, 온전한 감상은 관람자의 몫이다. 작품 앞에서 소심해지거나 위축될 필요는 없다. 처음 보는 국적의 외국인이 모국어로 얘기할 때 못 알아듣는다면 그건 내 탓이 아니다. 미술품은 작가에게 있어서 언어이고, 세상에는 미술품이 셀 수 없이 많다. 몰라도 괜찮고, 못 알아들어도 실수한 게 아니다. 좋은 작품을 마주했을 때 그 작품을 알아보도록 꾸준히 연습하자. 어떤 감상법도 필요 없을 만큼 가슴을 울리는 작품을 만나길 기대하면서.

원화와 판화의 차이점은?

원화(unique piece)란 세상에 한 점뿐인 작품을 의미한다. 우리가 접하는 유화, 아크릴화 등이다. 판화(printmaking)란 판에 찍어서 만든 그림이다. 나무, 수지, 금속, 돌 등과 같은 판의 종류에 따라 판화의 종류가 달라진다. 디지털로 인쇄하는 판화의 비율도 매우 높다. 원본이 있는 판화는 원화와 비교해 금액대가 낮으면서, 작가가 유명해지면 함께 수요가 올라간다. 그림을 처음 구매하는 이들은 상대적으로 부담이 덜한 판화로 시작한다. 1억 원은 부담되어도 500만 원 정도는 어떻게든 접근해볼 만하기 때문이다. 프린팅된 디지털 판화는 금액이 더 낮은데, 재미있는 건 구매한 작품의 수가 늘어날수록 가장 먼저 판매한다는 점이다.

판화는 작가 참여 여부에 따라 같은 작가의 비슷한 작품이라도 금액이 다르다. 생전에 직접 참여한 친필 사인이 있는 작품인지, 사후에 재단이 제작한 작품인지가 판화 가격을 가르는 중요한 요소다. 또한 에디션 판화라고 해도 모두 같은 가치로 거래되지는 않는다. 한정판인지, 오픈 에디션으로 누구나 구매할 수 있는지에 따라서도 금액이 달라진다. 사후 판화와 오픈 에디션은 가격 상승에 한계가 있으니 잘 고민해야 한다. 작품가가 정해지는 원리는 88쪽, 해외에서 구매하는 판화의 세금은 246쪽 세금 편에 있으니 함께 참고하자.

판화에서 알아두어야 할 용어

- 넘버링(에디션 넘버): 작품 하단에 적힌 숫자로, '몇 번째 장/판화의 총 장수'를 의미한다. 예를 들어 4/50이면 50번째 찍어낸 판화 중 네 번째 작품이다.
- AP(Artist Proof): 작가 소장본이다. 전체 에디션의 10퍼센트 정도를 한정적으로 찍는다.

미술품 가격은 이렇게 정해진다

만약 당신이 "이 도자기 조각품은 560만 달러를 주고 산 거야"라고 말하면, 친구들은 모두 미친 것 아니냐는 듯 조롱의 눈빛으로 당신을 쳐다볼 것이다. 그렇지만 "소더비에서 구입했어"라거나 "가고시안갤러리에서 발견했어" 또는 "새로 산 제프 쿤스 작품이야"라고 하면 어느 누구도 생뚱맞다는 표정으로 바라보지 않는다.

-도널드 톰슨, 《은밀한 갤러리》

나는 SNS에 종종 공유하고 싶은 전시 소식을 올리는데, 같은 전시라도 "누구의 작품이 서울에서 전시 예정이다"보다 "○○억 원의 가치가 있는 작품이 서울로 와서……"라는 글에 더 많은 사람이 관심을 가진다. 기사의 조회 수를 봐도 그렇다. 높은 작품 가격을 안다고 해서 작가의 의도가 더 잘 보인다거나 예술적 가치를 깨우치는 것은 아니지만 작품의 가격이 많은 이들의 시선을 한 번 더 붙잡는 것이 사실이다.

"미술품 가격은 부르는 게 값이다"라는 이야기가 있다. 어떨 땐 맞고, 어떨 땐 틀리다. 작품가는 1차적으로 작가가 설정하므로 작가가 마음대로 부른 금액이 작품 가격이 될 수 있다. 그러나 작가가 직접 판매하는 것이 아닌, 작품을 시장에 내놓을 땐 마음껏 부르기 어렵다. 시장에는 판매가 이루어질 적정 수준의 유통가격이 있다. 여기에서 적정 수준이란 '얼마여야 팔린다'보다는 '이 작품은 이러하기 때문에 이 정도가 적합하다'라는 의미다. 그렇다면 시장에서는 어떤 구성 요소와 원리로 미술품 가격이 형성될까?

미술품 가격의 구성 요소

미술품 가격은 크게 두 가지로 구성된다. 첫 번째가 작가, 두 번째가 미술품이다. 당연한 소리겠지만, 작가와 작품은 미술품 가격에 영향을 끼치는 결정적인 요소다.

먼저 작품을 제작한 '작가'가 중요하다. 누군가 미술품을 샀다고 얘기하면 자연스레 "뭐 샀어?"라고 질문한다. 당신이라면 작품의 제

다음 요소는 '작품'이다. 작품에 있어서는 진품 여부가 가장 중요하다. 그다음으로 외적 요소와 내적 요소가 있다. 외적 요소는 눈에 보이는 작품의 크기, 보존 상태, 서명 여부, 재료다. 모든 조건이 같다면 작은 작품보다는 큰 작품의 가격이 더 높다. 제작 기간과 작가의 노고가 작은 작품보다 더 들었다고 인정하는 것이다. 보존이 잘된 작품은 당연히 컨디션이 좋지 않은 작품보다 금액이 높다(현대미술 기준이며, 오래전에 제작된 몇 점 없는 작가의 작품은 컨디션이 결정적인 역할을 하지는 않는다). 작가 서명은 매우 중요한데, 작품의 진위 여부를 판단할 수 있기 때문이다. 서명은 작품의 하단, 옆, 또는 뒤에 하는데, 구매하기 전에 눈에 띄는 곳에 서명이 안 보인다면 뒤에 있을 확률이 높다.

또한 재료도 작품가에 영향을 끼친다. 같은 물감도 브랜드에 따라 가격이 크게 차이가 난다. 일반적으로는 기름을 사용하는 유화, 물을 사용하지만 작가들이 주로 작업하는 아크릴화, 누구나 먼저 쉽게 접할 수 있는 수채화순으로 가격이 낮다. 펜화나 연필화는 그다음이다. 동양화 물감을 사용한 경우라면 석채, 분채, 튜브형 물감순으로 가격이 낮다. 동양화는 금을 재료로 사용하는 경우가 있는데, 진금인지 가금인지에 따라 재료비에서 차이가 나므로 당연히 작품 가격에도 영향을 끼친다.

작업을 하는 바탕으로는 서양화에서는 캔버스가 종이보다, 동양화에서는 비단이 장지보다 금액이 높은 편이다. 유념해야 할 점은 대가의 작품이 반드시 재룟값이 더 들어가고, 신진 작가의 작품이 급 낮은 브랜드의 물감으로 제작되는 건 아니라는 것이다. 작가마다 주로 쓰는 브랜드와 재료가 따로 있다. 경제적 여유가 있는 작가가 상대적으로 더 좋은 재료를 쓸 테지만, 이는 작가가 작업에 따라 결정한다. 간혹 작품기와 니무 사이 나세 내구성이 나쁜 재료로 제작한 작품도 있

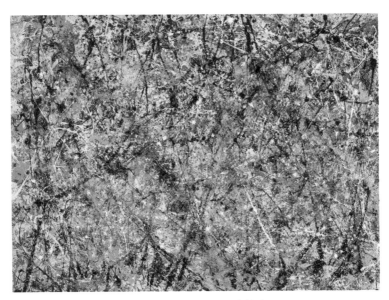

잭슨 폴록, 〈Number 1, 1950(Lavender Mist)〉, 1950, 미국 국립미술관

잭슨 폴록의 등장 배경은 당시의 시대상과 연결된다. 제2차 세계대전 이후 많은 유럽의 예술가들이 뉴욕으로 건너왔다. 미술의 무대가 파리에서 뉴욕으로 옮겨졌지만, 정작 미국엔 미국 대표 작가가 없었다. 이때 물감을 뿌리는 새로운 기법의 잭슨 폴록이 등장했다. 작품 속 그의 자유로움은 미국이 추구하는 방향과 맞물려 떨어지면서, 미국의 대표 화가로 부상하게 된다.

다. 그렇다면 재료 가격이 차이가 나는데도 작품 가격이 높은 이유는 무엇일까? 이는 작품가를 구성하는 내적 요소와 연결된다.

작품의 내적 요소는 주제, 의미(예술적 가치와 사회적 가치), 독창성과 같이 작품 자체가 담고 있는 것이다. 작가의 작품마다 인기 있는 시리즈가 따로 있다. 같은 작가의 작품이라도 시장의 선호도가 높은 주제와 색감이 담긴 작품이 작품가가 높다. 또한 여러 군데 비어 있는 작품보다는 꽉 차 있는 작품, 너무 작거나 큰 작품보다는 어느 공간에나 어울리는 30~50호 작품이 선호도가 높다. 색상은 작가마다 다르지만, 붉은 계열과 푸른 계열이 인기가 좋다. 인물화의 경우 작품 속 대상이 남성보다는 여성일 때 더 찾는다.

미술 관련 정보를 받고 싶다면 갤러리, 옥션, 또는 미술 플랫폼에 회원 가입을 하자. 메일이나 문자메시지로 소식을 받을 수 있다. 컬렉터 커뮤니티에 참여해서 다른 사람들과 직접 소통해도 된다. 오프라인, 온라인, 모바일 등으로 이야기를 나누다 보면 다른 이가 관심을 가지는 새로운 작품들도 접할 수 있다. 작품의 의미는 시장과 컬렉터에게 얼마나 공감을 줄 수 있는지가 중요하다. 이는 예술적 가치와 사회적 가치를 내포한다. 사회와 시대를 잘 반영한 작품일수록 가치 있다고 인정받는다.

물론 작가의 모든 작품에 이러한 요소가 동일하게 적용되는 것은 아니다. 작품가를 산출하는 방법도 다르다. 국내는 주로 호당 가격을 사용해서 작가의 작품 가격에 통일성을 유지한다. 이는 국내의 1차 미술시장에서 유통될 때 사용하는 지표다. 컬렉터들 사이에서 판매되는 2차 시장에서는 컬렉터를 통해 재평가가 이뤄진다. 미술품은 구매하는 것에 비해 판매가 어려워서 이와 같은 조건을 미리 인지할 필요가 있다. 그렇다면 1차 시장인 갤러리에서 사용하는 호당 가격은 무엇인지 다음을 통해 알아보자.

아트 딜러의 TIP

미술품 정리표

미술품을 한 점 이상 구매할 경우 나만의 표를 만들어서 정리하는 것을 추천한다. 이 책을 읽는 독자를 위해 미술품 정리표 예시를 공유한다.

순번	구매일	작가명	작품명	구매처 (담당자/연락처)	크기(cm)	구매가	구분	서류	특이 사항 (관리법, 계약 조항/ 리셀 록 등)
1 (예시)	2022. 08.05.	한혜미	아트테크 큐레이션	한국경제 갤러리 (홍길동 아트 딜러 010-xxxx-xxxx)	53×45.5 (10호)	4,500만 원	유화 (액자 포함)	진품 확인서	2년 동안 리셀 금지
2									
3									
4									
5									

호당 가격과 2차 시장 가격은 다르다?

미술품 거래시장을 두고 혹자는 '부자들의 머니게임'이라고 부른다. 누구나 구매를 할 수는 있어도 진짜 돈이 되는 작품은 재력이 있어야 살 수 있으며, 돈으로 돈을 버는 게임이라는 의미다. 그만큼 미술품이라는 예술품에 가격을 책정하기란 매우 어렵다. 앞서 이야기했던 요소들을 매 순간 고려하기도 힘들다. 이에 국내에서는 '호당 가격'을 기준으로 가격을 책정한다. 국내에서만 사용하는 미술품 가격 책정 방법이다. 호당 가격이 1차 미술시장의 가격 지표라면, 2차 시장의 가격 지표는 '컬렉터가 지불할 수 있는 금액'이다. 호당 가격이 2차 시장에서 반드시 통용되지는 않는 것이다. 그렇다면 호당 가격제와 2차 시장은 각각 어떠한 특징이 있을까?

먼저 '호당 가격제'를 살펴보자. 호당 가격제란 국내에서 사용하는 미술품 가격 책정 방법으로, 호의 가격을 책정해서 미술품 가격을 산출하는 방법이다. 호(號)란 작품의 크기를 나타내는 단위로, 1호의 크기는 약 22.7×14센티미터다. A4 용지 반 정도 또는 엽서 두 개를 붙인 크기다. 호당 가격제란 쉽게 얘기하면 아파트의 평당 가격제와 비슷하다. 예를 들어 1호에 10만 원이라면 10호 작품은 100만 원, 100호 작품은 1,000만 원이 된다. 주의할 점은 100호가 정확하게

➡ 호수표

	인물(figure)	풍경(paysage)	해경(marine)
0호	18×14		
1호	22.7×15.8	22.7×14	22.7×12
2호	25.8×17.9	25.8×16	25.8×14
3호	27.3×22	27.3×19	27.3×16
4호	33.4×24.2	33.4×21.2	33.4×19
5호	34.8×27.3	34.8×24.2	34.8×21.2
6호	40.9×31.8	40.9×27.3	40.9×24.2
8호	45.5×37.9	45.5×33.4	45.5×27.3
10호	53×45.5	53×40.9	53×33.4
12호	60.6×50	60.6×45.5	60.6×40.9
15호	65.1×53	65.1×50	65.1×45.5
20호	72.7×60.6	72.7×53	72.7×50
25호	80.3×65.1	80.3×60.6	80.3×53
30호	90.9×72.7	90.9×65.1	90.9×60.6
40호	100×80.3	100×72.7	100×65.1
50호	116.8×91	116.8×80.3	116.8×72.7
60호	130.3×97	130.3×89.4	130.3×80.3
80호	145.5×112.1	145.5×97	145.5×89.4
100호	162.2×130.3	162.2×112.1	162.2×97
120호	193.9×130.3	193.9×112.1	193.9×97
150호	227.3×181.8	227.3×162.1	227.3×145.5
200호	259.1×193.9	259.1×181.8	259.1×162.1
300호	290.9×218.2	290.9×197	290.9×181.8
500호	333.3×248.5	333.3×218.2	333.3×197

1호의 100배는 아니라는 점이다. 오히려 100배 크기보다 조금 더 작다. 그래서 100호일 때 1호의 100배로 작품가를 설정하는 곳도 있고, 또는 작품가를 조금 더 낮게 설정하는 곳도 있다. 이는 작가나 판매처에 따라 다르다. 또한 인물화(F), 풍경화(P), 해경화(M)에 따라 같은 1호라고 해도 사용하는 캔버스가 달라서 크기에 차이가 있다.

1호의 가격은 일반적으로 시장에 막 진입한 신진 작가가 호당 3만~5만 원, 어느 정도 인지도와 수요가 있는 작가는 10만~30만 원, 중견 작가는 50만~100만 원이다. 가격은 1차적으로는 작가가 책정하며, 자신의 위치를 감안해 호당 가격의 기준을 정한다. 스스로를 과소평가하거나, 또는 과대평가해서 가격이 시장과 맞지 않을 때는 작품 판매를 맡은 갤러리와 조정한다. 앞서 알아봤던 미술품 가격 결정 요소를 참고해 갤러리가 작가의 작품성, 시장성을 판단한다. 그러다 보니 호당 가격이 갤러리마다 큰 차이가 있기보다는 비슷하다. 작품 가격의 변동이 심한 작가를 선호하는 컬렉터는 없기 때문이다.

호당 가격제의 원리에 따르면 작품은 클수록 비싸다. 작은 작품의 사회적·예술적 가치가 배제된다. 작품의 주제와 사용한 재료에 따라 작은 작품이 더 좋을 수 있지만 작품가를 산출할 때는 크기를 우선으로 보는 것이다. 그렇지만 모든 국내 작가가 호당 가격제로 가격을 책정하지는 않는다. 어디까지나 국내에서 사용하는 지표일 뿐이다. 어느 정도 경지를 넘은 유명 작가들의 작품은 호당 가격이 사실상 무의미하다.

1990년대 후반에 국내에서는 한국화랑협회를 중심으로 호당 가격 철폐 움직임도 있었다. 호당 가격제를 한국에서만 사용하는 데다 예술품의 가격을 크기로 환산하는 것이 적합하지 않다는 이유에서다. 하지만 결과적으로 호당 가격제는 오늘날까지 사용되고 있다. 이를 대신할 만한 가격 책정 방법이 없기 때문이다. 이에 더해 갑자기 호당 가격제가 사라지면 국내 미술시장에 혼란이 일어날 수도 있다. 이해관계자도 여럿 얽혀 있다. 갤러리는 호당 가격제가 사라지면 작품 가격을 스스로 산정해야 하는데 대체할 뚜렷한 지표가 없고, 작가는 그간 쌓아 올린 호당 가격이 한순간에 사라지며, 컬렉터는 구매한 작품가가 흔들릴 수 있다.

여전히 호당 가격제에 대한 의견은 분분하다. 매번 새로운 대안들이 논의되지만 아직까지 국내 1차 미술시장은 호당 가격으로 움직인다. 그러니 이제 갤러리에 가서 "이 작가의 작품가는 호당 얼마인가요?"라고 질문해보자. 또한 작가가 호당 가격제를 사용한다면, 크기에 따라 작품가가 어떻게 적용되는지 반드시 확인하자.

그렇다면 판매된 작품이 2차 시장에 다시 등장할 때는 가격이 어떻게 책정될까? 2차 시장은 컬렉터 스스로의 확신으로 거래되는 시장이다. 어느 누구도 "그 작품은 얼마의 가치가 있다"라고 확신하기 어렵지만, 구매하는 입장에서 "이 정도 가격을 지불할 가치가 있다"라고 판단해 작품가를 설정한다. 시장은 당시의 흐름과 분위기, 선호도, 또 어떤 컬렉터를 만나는지에 따라 금액이 유동적이다. 그렇다 보니 시장의 취향과 컬렉터의 취향이 잘 맞는 작품일수록 거래가 활발하게 이루어진다. 또한 같은 작가의 작품이라고 해도 화풍, 색감, 크기 등에 따라 가격이 다르게 책정된다. 2차 시장은 작가의 손을 떠난 시장이다. 가격은 작품의 소장자가 결정하는데 일반적으로 호당 가격 또는 시세가로 판매가 이루어진다.

따라서 2차 시장의 가격을 알고 싶다면 이전 거래 기록을 확인하자. 특히 경매의 낙찰가를 알아보면 도움이 된다. 국내 옥션 낙찰 기록은 예술경영지원센터의 K-ARTMARKET(k-artmarket.kr)을 통해 종합해서 확인할 수 있다. 최신 기록은 경매회사 홈페이지에서 직접 확인할 수 있다. 각 옥션의 검색창에 작가명을 입력한 다음 비슷한 화풍, 크기, 색감, 주제의 작품을 살펴보자. 대다수의 작가는 삶의 여러 경험을 작품에 반영하므로 시기별로 다른 작업이 등장한다. 한 작가에게서 여러 시리즈의 작품을 볼 수 있는 이유다. 당연히 작가의 전성기에 작업한 작품이 인기가 높다. 이전 경매에서는 얼마에 낙찰되었는지, 평균가가 어느 정도인지 확인하자.

그러나 모든 경매 기록이 공개되는 것은 아니다. 낙찰가는 일정 기간 공개되지만, 유찰된 작품이나 일부 작품은 기록이 가려진다. 현재 갤러리에서 거래가 되고 있는 작가라면 갤러리에 문의해도 되지만, 익명성이 필요하거나 갤러리나 작가와 직접적인 연결 고리가 없다면 경매 낙찰가를 기준으로 비교해보자. 데이터가 있다는 건 수요가 꾸준히 있다는 뜻이다. 2차 시장의 가격은 공급보다 수요가 높으면 올라간다. 관심 있는 작품이나 이미 구매한 작품을 기록하며 나만의 데이터를 만들어도 좋다. 이를 통해 조금 더 현명하게 미술품 거래를 하자.

작품가가 치솟을 때 조심하자

환금성이 가장 좋은 작품은 '유명 작가의 유명 작품'이다. 실패 없는 작품 구매법이기도 하다. 수요가 탄탄한 작가는 원화와 판화, 소품 등이 두루 인기다. 내가 소장한 작품의 작가가 대중의 인정을 받아 작품들이 높은 가격에 거래되는 건 판매 여부를 떠나 또 다른 즐거움이다. 그러나 갑자기 가격이 치솟았다면 컬렉터는 물론이고 경우에 따라서는 작가도 함께 긴장한다. 이는 주로 2차 시장에서 일어난다. 앞에서 언급했듯이 2차 시장은 작가의 손을 떠난 시장이다. 작가의 가치를 알아보고 구매하려는 노력은 감사하지만, 투자 목적이라면 경력이 짧은 작가일수록 위험이 동반된다. 투자의 목적으로 구매한 이들이 한순간에 작가의 작품을 내놓으면 시장이 흔들릴 수 있다. 2차 시장의 변동을 감내할 팬이 적다면 작가는 꾸준한 작업을 유지하기 힘들다. 현재의 유행으로 작품이 고가에 거래되는 경우가 아닌, 오랜 경력 끝에 높은 인기를 구가하며 지속해서 상승하는 것이 멀리 봤을 때 더 중요하다.

그렇다면 작가의 작품이 등장한 1차 시장과 재판매되는 2차 시장 중에 작품가가 낮은 쪽은 어딜까? 바로 1차 시장이다. 미술시장에서는 미술품 가격을 올리는 것보다 올라간 가격을 내려가지 않게 하는 데 더 많은 노력이 필요하다. 아무리 작가의 인기가 치솟았다고 해도 가격을 한 번에 높이지 않는 이유다. 물론 일부 갤러리와 작가는 높아진 인기에 작품가를 급하게 올리기도 한다. 다시금 강조하지만 이는 미래를 내다보지 않는 정말 위험한 일이다. 작가와 작품 자체를 사랑해서 구매했다고 해도, 작품가가 수시로 들쑥날쑥 움직인다거나 흔들린다는 평이 있다면 선뜻 구매하기 어렵다.

다른 예로 아직 2차 시장에서 원활하게 거래되지 않는 작가라면, 갤러리와 작가 직거래보다 2차 시장에서의 구매가가 더 낮을 수 있다. 경매에서는 그 작품을 구매하고 싶어 하는 두 사람만 있어도 가격이 올라간다. 취향이 다르거나 그 작품을 알아보는 이가 적다면 좋은 작품이라도 유찰되거나 추정가에 현저하게 못 미친다.

옥션의 가격에 휩쓸리지 말자. 경매가는 당시에 구매하려는 응찰자가 지불하려는 가격이자 시세가일 뿐 작품가 전부가 아니다. 컬렉터들의 치열한 경쟁으로 작품가가 급격하게 올라가는 것이 작가의 입장에서는 높은 관심에 감사하지만 동시에 마냥 좋은 일만은 아닌 이유다. 또한 작품의 가격은 작품이 지닌 예술적 가치보다 작가, 갤러리, 경매회사의 전략에 영향을 받기도 한다. 초보 컬렉터라면 더욱이 전략에 휩쓸려서 작품을 귀로 구매하는 일은 반드시 피하자.

작가가 작고하면 작품가가 오를까?

'물방울 화가' 김창열 화백(1929~2021년)은 작고 후에 진행된 경매에서 그의 작품이 약 10억 원에 낙찰되며 작가 최고 낙찰가를 기록했다. 2021년 상반기 미술시장은 어딜 가나 그의 물방울 그림이 주를 이뤘다. 화가가 지독하게 쌓아 올린 노력이 곳곳에서 빛을 냈다. 아트 페어에 많은 작품이 출품되고, 미술 경매는 한동안 물방울로 장식될 정도였다. 작품 속의 물방울이 시기별로 출품되어서 높은 낙찰가에 소장자를 찾아가기도 했다.

작품을 설명 중인 김창열 화백 ⓒ 한국경제 DB

　그렇다면 단도직입적으로 묻겠다. 작가가 작고하면 작품가가 오를
까? 농담 삼아 "미술품은 작가가 사망하면 가격이 오른다"고 하는데,
실제로 이런 말을 믿는 이들이 많다. 정답은 "맞기도 하고 아니기도
하다"다. 작품가가 올라간다고 얘기하는 사람들은 희소성의 원칙을
이야기한다. 작가가 어쩔 수 없는 상황으로 더 이상 작품을 만들어내
지 못해서 남아 있는 작품의 가격이 희소성으로 올라간다는 것이다.
틀린 얘기는 아니다. 그런데 모든 예술가에게 적용되는 이야기도 아
니다. 시간이 지나 아무도 찾지 않는다면 희소성의 원칙이라는 게 의
미가 있을까? 희소성이 있다고 반드시 작품 가격에 영향을 끼치는

　　　　　　　　　　　　　　　　　　　　　　아트테크 큐레이션

것은 아니다. 냉정하게 얘기해서 찾는 사람이 있어야 희소한 게 돋보이는 것이지, 아무도 찾지 않는데 희소하다고만 해서 작품 가격을 높일 수는 없다.

그렇다면 이런 조건이 적용되는 작가는 어떤 작가일까? 쉽게 이야기해서 어느 정도 경지에 올랐거나, 미술사에 큰 영향을 끼쳤거나, 재단이 따로 있어서 작고한 뒤에도 그를 기억하려는 노력을 계속 이어나가는 경우다.

여담으로 미술시장에는 좋은 작품이 등장하는 '3D 법칙'이 있다. 여기서 3D란, 유명 컬렉터의 death(사망), divorce(이혼), debt(파산)이다. 이와 같은 3D는 1차 시장이 아닌 2차 시장과 연결된다. 보통 빠른 시일 안에 작품을 처분하길 바라니 시장에 좋은 작품들이 쏟아져 나온다. 2022년 5월에도 미국의 부동산 재벌이 이혼하며 소장품 65점이 경매에 나왔고, 1차 경매(8,000억여 원)에 이어 2차 경매에서도 3,100억여 원어치가 팔렸다. 더해서 discretion(처분)까지 포함한 4D 법칙으로 얘기하기도 한다.

지금까지 미술품 가격에 대해 알아봤다. 가격을 구성하는 요소, 호당 가격과 2차 시장의 가격, 치솟는 작품가의 위험성, 그리고 작가의 사망과 작품가의 관련성이다. 빈센트 반 고흐는 "언젠가는 내 그림이 생활비와 물감값보다 더 가치가 있다는 것을 알아줄 때가 올 것이다"라고 얘기했다. 매년 최저임금이 오름에도 미술품 가격에 대해선 유독 야박하다. 컬렉터들에게는 저마다 생각하는 자신만의 가격이 있다. 나의 추억을 담은 작품의 가치를 돈으로 환산하면 얼마일지 생각해보자. 각자의 만족에 따른 후회 없는 선택을 하길 바란다.

 아트 딜러의 TIP

김창열 화백의 숨겨진 이야기가 궁금하다면?

추천 영화 〈물방울을 그리는 남자〉

김창열 화백의 둘째 아들이 감독한 다큐멘터리 영화다. 김창열 화백이 세상을 떠나고 1년 뒤인 2022년 9월에 개봉했다. 우리가 접하는 김창열 화백의 작품이 어떤 작업을 거쳐 선보이게 되었는지 알 수 있다. 한국 미술사의 거장 김창열 화백의 삶과 이야기를 영화로 들여다보자.

지갑을 열기 전 지켜야 할
세 가지 원칙

인생에서 살아갈 만한 가치를 부여하는 어떤 것이 존재한다면 그것
은 아름다움을 감상하는 일이다.

-플라톤

미술 작품은 직간접적으로 안목과 취향을 대변한다. 지인의 집에 초
대를 받아서 방문했다고 가정하자. 들어서자마자 보이는 벽면에 이
우환 화백의 100호 사이즈 작품이 걸려 있다면 어떨까? 우리는 그
작품을 통해 집주인의 안목과 취향과 집의 분위기를 파악할 것이다.
최근 MZ세대가 소셜 미디어에 자신이 좋아하는 작가의 작품을 리
포스팅하거나, 해시태그로 배경에 어렴풋이 보이는 작품을 걸어두는
이유다. 그렇다면 미술 작품을 구매할 때 어떤 것들을 고려해야 할

까? 미술품 구매의 세 가지 원칙을 함께 알아보자.

미술품 구매의 첫 번째 원칙: 나의 취향에 가까운지 따져보자

나의 취향을 알기란 쉬우면서도 어렵다. 확고한 취향이 있는 옷도 가끔 새롭게 도전해본 스타일이 더 잘 어울리고, 한창 즐겨 입었더라도 시간이 지나서 돌아보면 촌스럽게 느껴진다. 매일 입는 옷에서도 내 취향을 알다가도 모르겠는데, 미술품을 두고 취향을 얘기하면 더욱 난감하다. 나 같은 경우에는 편중된 취향을 피하려고 노력하지만, 그럼에도 여전히 적응 안 되는 작품이 있다. 예를 들면 예쁜 걸 강조하는 작품을 선호하지 않는다. 예쁜 형태, 선, 색, 그리고 작품의 제목과 의미도 예쁜 작품은 나의 결과 맞지 않는다. 그 작품을 선호하지 않으면 아름다움을 모르는 기분이 드는, 미적 기준을 강요하는 듯해서 거부감이 든다. 이건 어디까지나 개인의 성향과 취향 차이다. 취향은 '다른' 것이지 '틀린' 것이 아니다. 2022년에는 나의 취향과 정반대의 화풍도 유행했으니까. 그러니 미술품이라고 어려워하지 말자. 그럼에도 어려운 기분이 든다면, 다음 사항에서 가까운 쪽을 체크해보자.

1. 형태와 의미 파악이 가능한 작품(구상화)

2. 형태와 뜻을 유추해야 하는 작품(추상화)

3. 풍경 중심의 작품(풍경화)

4. 사람 중심의 작품(인물화)

5. 정물 중심의 작품(정물화)

6. 직관적이고 강렬한 색감

7. 다재로운 색감

8. 최소한의 색감

위의 여덟 가지 체크 사항을 토대로 작품을 검색해보자. 어떤 작품이 당신의 취향에 가까운가? 여러 개가 좋을 수도 있고, 검색했더니 체크한 것과 무관한 작품이 눈에 들어올 수도 있다. 그뿐만 아니다. 지난번에는 이 작품이 좋았는데 이번에는 다른 느낌의 저 작품이 좋아 보이기도 한다. 별로라고 느꼈던 작품인데 설명을 듣고 다시 보니 마음에 쏙 드는 경우도 있다. 음식처럼 매일 먹고 맛보지 않는 이상 취향을 파악하기란 쉬운 것 같으면서도 어렵다. 미술을 어려워하는 이들에게 부담을 덜어주고자 작품을 최소 열 점은 보라고 얘기하지만, 솔직히 얘기하면 열 점은 턱없이 부족하다. 열 점의 작품이 아닌, 열 곳의 전시회에 가서 백여 점 이상 봐야 "그때 봤던 A작품이 가장 강렬하게 기억에 남는다", "다 좋아 보였는데 특히 B작품이 우리 집에 잘 어울릴 것 같다"를 파악할 수 있다.

만약 전시회에 방문할 여건이 안 된다면 미술품 대여를 추천한다. 미술품을 처음 집에 들였던 나의 고객들도 첫 상담과 실제 선정한 작품에 차이가 종종 있었다. 이는 인간관계와 비슷하다. 많은 사람과 어울리며 나와 맞는 사람을 찾아보는 것과 한 사람과 진득하게 교류하며 나를 발견하는 것의 차이다. 내가 원하는 장소에 내가 선택한 미술품을 두고 감상해보자. 미술품이 주는 환기 효과로 주변을 새롭게 바라볼 수 있고, 인테리어 효과까지 볼 수 있다. 매일 달라지는 상황과 기분에 따라 미술품의 아트테라피도 느낄 수 있고, 내 취향에 대해 고민할 수도 있다. 대여 가격은 업체와 기간에 따라 차이가 있지만 평균적으로 작품가의 1~3퍼센트 수준이다(운송료, 보험료 등의 추가 비용이 별도로 들 수 있다).

미술품은 자신을 알아보는 컬렉터를 만날 때 그 진가를 온전히 발휘한다. 아끼고 마음을 나눌수록 작품 본연의 힘을 느낄 수 있으며, 이런 컬렉터가 작가와 함께할수록 작가의 작업도 에너지를 얻는다. 처음에는 의아했어도 계속 관찰하고 바라보면 내 안목과 취향을 가꿀 수 있다. 그리고 이때 미술품 구매의 원칙 두 번째가 적용된다.

미술품 구매의 두 번째 원칙: 시장의 취향을 고려하자

우리가 개인으로 만날 그림은 세상의 수많은 작품과 비교하면 매우 한정적이다. 내 취향만을 고집하다가 여러 작품을 놓치는 것만큼 안타까운 일도 없다. 특히 자산의 가치를 고려해서 미술품을 구매한다면 내 취향만 고집하긴 어렵다 작품을 양도하려고 해도 받고자 하는 이가 없을 수도 있다. 그렇다면 시장의 취향이 담긴 미술품은 어디로 가서 봐야 할까?

답은 1차 시장과 2차 시장의 대표 유통처인 갤러리, 아트 페어, 경매회사(옥션)다. 미술품 거래로 수익을 내기 때문에 시장에서 거래되는 작품을 만날 수 있는 자리다.

시장의 취향을 바라보는 두 번째 방법은 다른 이의 취향에 관심을 가지는 방법이다. 다른 이의 취향에 관심을 두는 이들은 생각보다 꽤 많다. 다른 사람들과 교류하며 의견을 듣는 것은 시장의 취향을 알기에 매우 좋은 방법이다. 미술 관계자, 미술품을 자주 구매하는 유명인 컬렉터가 구매한 작품과 작가를 찾아보는 것으로 시작해도 좋다. 작가의 이력에는 유명 소장처와 소장자가 일부 공개된다. 이렇게 나와 시장의 취향을 고려했다면, 다음 세 번째 구매 원칙을 실행하자.

▶ 미술시장 주요 유통 영역 시장 규모

구분	업체 수(개)	종사자 수(명)	작품 판매 금액(백만 원)	판매 작품 수(점)
전체	547	1,953	327,962	37,324
화랑	503	1,375	165,773	11,422
경매 회사	9	225	115,298	20,061
아트 페어	35	353	46,890	5,841

자료 출처: 예술경영지원센터 〈2021 미술시장조사〉

▶ 미술시장 주요 유통 영역 시장 규모

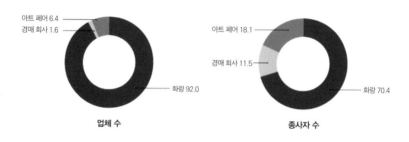

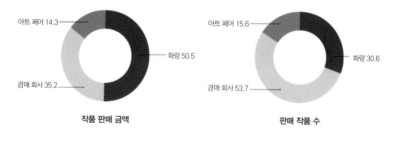

* 작품 판매 금액 및 판매 작품 수는 영역별 중복을 제외하지 않은 값임.

미술품 구매의 세 번째 원칙: 한 점이라도 직접 구매하자

이전 책에서도 이야기했지만, 실제로 강의할 때 종종 하는 말이 있다. "미술품을 한 점도 구매하지 않은 사람은 있어도 한 점만 구매한 사람은 없다"다. 미술품을 한 점이라도 구매했다면 바라보는 시야가 달라진다. 처음부터 무턱대고 구매하라는 말은 아니다. 시행착오를 꽤 많이 겪을 것이다. 어느 정도 준비 기간을 거친 뒤 구매하길 조언한다. 만약 구매하고 싶은 작가 또는 작품이 너무 고가라면 비교적 낮은 금액대인 판화나 아트 상품으로 시작해도 된다. 유명 작가라도 판화와 아트 상품은 원화보다 현저하게 금액이 낮다. 다만 자산의 가치도 그만큼 낮아서 훗날 양도가 어려울 수 있다는 점은 감안해야 한다. 더 좋은 작품을 구매하기 위한 시도로 생각하고 한 점이라도 직접 구매하자. 돈을 지불하고 구매한 작품을 통해 나의 취향을 더 정확하게 알 수 있을 것이다. 준비가 되었다면 그림을 구매하기 전에 스스로에게 질문하자.

1. 내가 좋아하는 그림인가(평생 간직해도 좋을 만한 그림인가)?
2. 작가의 이력을 확인했는가(시장에서 인정을 받는 작가인가)?
3. 믿을 수 있는 경로를 통해 구매하는가(진품 여부를 확인했는가)?
4. 추가 비용(수수료, 운송비, 액자비 등)을 알고 있는가?

미술품을 구매하기 전에 알아볼 네 가지 체크포인트

미술품을 구매하기로 생각했다면 다음 네 가지를 확인하자. 예산 설정, 구매 목적 및 방법 선택, 취향 파악, 정보 수집이다. 예산은 추가 비용을 고려한 총예산으로 설정하자. 구매 목적이 무엇인지 생각한 다음 목적에 맞는 방법을 이 책에서 찾아보자. 다음으로 나의 취향이 무엇인지 생각하자. 취향에 가까운 작품을 구매하는 것은 매우 중요하다. 마지막으로 정보 수집이다. 이 책을 비롯해 다양한 정보 수집 방법을 통해 나에게 맞는 정보를 수집하자.

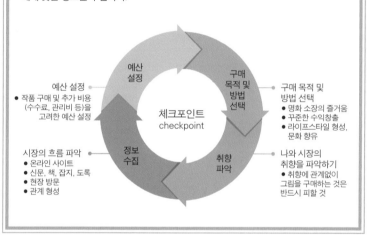

어떤 작가가 성공할지
어떻게 알아볼까?

작가가 유명해지려면 어떻게 해야 할까? 기괴하고 특이한 작품을 선보여야 할까? 이미 개성 넘치는 작가는 수도 없이 많고 그중 일부는 사상과 철학을 알 수 없을 정도로 충격적이다. 현대미술계는 작가 혼자만의 힘으로 유명해지기가 쉽지 않다. 작가 스스로가 작업과 마케팅을 병행하는 데는 한계가 있다. 일반적으로 유명 갤러리의 전속 작가가 되어서 좋은 소장처와 소장자를 소개받고, 이러한 이력으로 유명한 옥션에서 높은 가격에 낙찰되면서 세상에 알려진다. 유명 아트페어, 비엔날레, 미술관의 전시 이력과 유명한 소장처, 소장자의 이력을 가진 작가는 미술계에서 인지도가 올라가며 성장할 확률이 높다. 그렇다면 미술계 관계자들이 선호하는 작가의 조건은 무엇일까? 작품이 좋다는 전제하에 중요하게 여기는 것은 의외로 작가의 '인성

(성향)'이다. 예술 작업이야 작가가 하는 것이지만, 전시와 업무는 사람이 하는 일이라 관계에 따라 성과가 달라진다. 특히 작품은 작가를 닮기 때문에 결이 맞는 작품을 찾는 일에 있어서 그만큼 작가의 인성과 성향을 중요하게 바라본다.

소개를 받아서 작가를 알게 되기도 하지만, 수많은 작가 중 옥석과

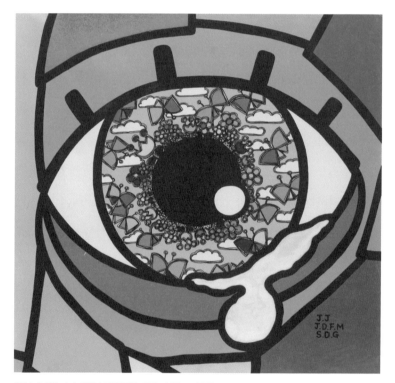

SUU, 〈보이는 눈〉, 캔버스에 아크릴, 135×145cm, 2022

아트테크 큐레이션

도 같은 작가를 찾기 위해 미술시장은 다양한 시도를 한다. 미술관과 갤러리에서 신진 작가를 위한 공모전을 개최하거나, 각종 미술 대회를 열어 작가를 발굴하고, 신진 작가만을 위한 아트 페어를 통해 그들의 작품을 선보인다. 최근에는 옥션도 작가와 직거래를 해서 작품을 경매로 소개한다. 이미 소속이 있거나 여러 컬렉터층을 형성한 작가들이 아닌, 홍보가 필요한 신진 작가가 주로 등장한다. 서울옥션의 '제로베이스', 케이옥션의 '프리미엄온라인' 아트 파트가 대표적이다. 두 경매는 온라인 경매로, 작품 구매는 서울옥션과 케이옥션 홈페이지에서 참여할 수 있다.

그렇다면 컬렉터의 입장에서 시장의 안목에 기대기 전에 주의할 점은 무엇일까? 우선 마케팅으로 비롯되는 의도적 소문이다. 쉽게 말해 미술시장의 작전에 휩쓸리지 말아야 한다. 특히 누구나 결과를 확인할 수 있는 경매에서 이런 부분이 잘 나타난다. 해외 유명 갤러리에서 자신의 작가를 띄우기 위해 옥션을 활용하는 사례는 이미 암암리에 알려져 있다. 좋은 작품이 뛰어난 마케팅으로 세상에 알려지는 계기가 될 수 있지만, 예술성 및 역사성과는 무관하게 가격으로만 주목받기도 한다. 리세일의 가능성을 염두에 둔다면 더욱 소문에 조심해야 한다. 특히 원금을 보장한다거나 무조건 가격이 오를 것이라는 이야기는 무시하자. 미술시장 전체를 지배하는 인물이 아니라면, 그런 작품은 아무도 모른다. 가장 중요한 건 유망한 작가를 직접 알아보는 것이다. 다음 네 가지를 통해 작가에게서 눈여겨봐야 할 것들을 알아보자.

첫 번째, 자신의 예술 철학을 얘기할 수 있는 작가인가? 유망한 작가를 찾기 위해 많은 이들이 소셜 미디어를 활용한다. 작가들 역시 소셜 미디어를 활용해서 자신의 팬을 직접 만든다. 창작과 마케팅을 잘하는 작가가 유명해질 확률이 높아졌다. 현대미술은 난해하지만 동시에 작가와 직접 소통이 가능하다는 장점이 있다. 이러한 특징을 활용해서 유튜브와 인스타그램 등의 소셜 미디어를 통해 작가의 삶을 들여다보고, 철학과 작업 과정을 확인하자. 창작자와의 소통은 컬렉터에게 또 다른 재미다. 작가와의 소통을 통해 작품의 진면목을 알게 되기도 한다. 작가가 작업과 삶을 바라보는 태도, 가치관, 그리고 작가가 작품으로 하려는 이야기가 무엇인지 들어보자. 작품을 어떻게 대하는지 살펴보면 이후 작가가 작품으로 원하는 방향까지 알 수 있다. 인테리어로만 좋은 작품은 결국 인테리어용으로 끝난다. 내가 원하는 작품이 예술적·경제적 가치를 모두 가지길 바란다면 그 안에는 작가의 철학이 반드시 들어가야 한다.

두 번째, 작가의 작업을 좋아하는 팬으로 구성되어 있는가? 작가가 성장하는 모습을 지켜보는 것은 또 다른 기쁨이다. 단기간에 뜨는

스타보다 꾸준한 활동으로 연기력을 인정받으며 주연으로 성장하는 배우를 볼 때 느끼는 뿌듯함과 비슷하다. 미래에 주연을 맡을 신인 배우를 알아보기란 굉장히 어렵다. 미술시장도 마찬가지다. 여러 이해관계와 복잡하게 얽힌 요소들을 통해 현재의 스타로 떠올랐다 해서 10년, 20년 뒤에도 더 높은 명성을 유지할지 알기 어렵다. 이럴 때 노하우는 작가의 소셜 미디어아 건시를 통해 팬늘을 눈여겨보는 것이다. 단순한 호기심인지, 작가의 작품에 깊이 공감하는지 확인하자. 반짝스타의 스쳐 지나갈 팬인지, 꾸준하게 응원하며 작가를 진심으로 아끼는 팬인지 알아보자. 작가의 팬 성향은 작가의 비전에 영향을 끼친다. 컬렉터층이 탄탄한 작가일수록 좋은 작품을 이어갈 확률이 높다. 최근 많은 작가가 소셜 미디어에 자신의 작품을 컬렉팅한 포스팅을 리그램하는 이유다.

세 번째, 경기에 영향을 받지 않고 작업할 것인가? 대개 전업 작가를 선호하는 이유는 작업을 앞으로도 할 것이라는 믿음에서다. 그 말인즉슨, 작가가 미래에도 작업을 이어가는 것은 매우 중요한 문제라는 뜻이다. 불황에도 멈추지 않고 작업하는 작가를 알고 싶다면 작가의 환경을 참고하자. 작품은 사람인 작가가 제작하고, 작가는 환경에 영향을 받는다. 국력과 민족성도 무시할 수 없다. 미국, 영국, 중국 미술시장의 규모가 큰 것은 같은 문화권 사람들 중에 공감하는 이들이 많다는 의미다. 단색화가 인기인 이유는 '한국적인 정신'이 담겨 있어서다. 흑인 아티스트의 작품에는 자화상이 많은데, 그들은 자화상을 통해 자신의 민족성을 작품에 드러낸다. 국가, 인종, 거주지를 보라고 조언하는 이유다.

네 번째, 해외 활동 경험이 있는 작가인가? 작가의 해외 활동은 이전보다 쉬워졌다. 작품 이미지가 담긴 소셜 미디어를 보고 제안이 오거나, 국내에서 해외시장을 염두에 둔 갤러리를 통해 해외 전시로 작품을 소개할 수 있다. 온라인을 사용해서 직접 해외 컬렉터에게 판매하거나 자신의 영역을 만들어갈 수도 있다. 작가에게 있어서 가장 중요한 점은 전시로 작품을 소개하는 것이다. 판매와 더불어 자신만의 이력을 쌓아가는 일이기 때문이다. 여기에 더해서 국내 미술시장은 매우 좁다. 국내에서만 활동하는 작가는 향후 비전을 보기 어렵다. 그렇기 때문에 해외시장에서 다양한 컬렉터를 만나고 거래하는 일이 중요하다. 이제 막 시작하는 유망 작가에게 많은 전시 경력과 미술관 소장 등을 기대하기란 어렵다. 한창 자신의 이력을 만들어갈 작가의 향후 비전이 궁금하다면 해외 활동 경험이 있는지, 또는 이를 위해 어떠한 노력을 하는지 눈여겨보자. 국내 미술시장에 불황이 닥쳤을 때 해외 활동 경험이 있는 작가일수록 자신만의 영역을 지킬 확률이 높다.

아트테크 큐레이션

이 밖에도 추가적인 팁으로 아티스트 매니지먼트 회사인 맨션나인(MANSION9)의 이영선 대표는 작가의 기본기와 작품의 개성을 이야기한다. 그림을 잘 그리는 기본기는 모든 작업의 밑바탕이다. 추상 작가라 하더라도 대상의 형태를 그릴 수 있는 기본기가 필요한 이유다. 또한 이 대표는 작품의 개성을 중요시한다. 익숙한 작품 대신 작가 고유의 개성을 작품에 담는지를 유망 작가를 찾는 요소 중 하나로 본다.

〈뉴욕타임스〉는 '아트 프라이스(Art Price) 보고서'를 인용해 "40세 미만 작가들의 전 세계 그림 경매가가 2020년 대비 177퍼센트 증가했다"고 전했다. 전 세계 컬렉터층도 젊어지고 있다. 그들의 선호도에 따라 MZ세대 작가들이 함께 성장할 것이다. 결국 어떤 상황에서도 남는 건 작품이다. 미술시장이 호황이 아닌 불황일 때, 당장 현금이 필요한 컬렉터는 미술품을 시장에 내놓는다. 이전에 아무리 거래가 잘되었던 작가도 시장에 작품이 너무 많이 풀리면 거래 속도가 느려진다. 그때 우선적으로 거래가 되는 작품은 당연히 좋은 작품이다. 아무리 좋은 작업을 하는 작가라도 모든 작품이 좋을 수는 없다. 여기에 더해서, 인기가 많을 때 급격하게 작품가를 높이는 작가를 주의하자. 대부분 이러한 결정은 작가 혼자가 아닌, 갤러리나 에이전시와 함께 실행한다. 인기가 높을 땐 잘 팔리지만, 시장 상황이 안 좋아져

서 작품 판매율이 낮아진다면 작품가가 흔들릴 확률이 높다. 갑자기 작품가를 낮추는 건 기존 컬렉터에게도 영향을 끼치기 때문이다. 이럴 때 일부 갤러리는 주력 작가를 기존 작가 대신 판매가 원활한 다른 작가로 대체한다. 결과적으로 작가와 컬렉터 모두에게 좋은 결과는 아니다.

유망 작가를 찾는 일은 미술계의 끊임없는 숙제이자 컬렉터에게는 기분 좋은 미션이다. 꾸준하게 마음에 드는 작품을 발견하려는 자세를 갖자. 운 좋게 마음에 드는 작품을 만나면 면밀하게 관찰하자. 그리고 여력이 된다면 예술가의 비전을 구매하고 예술을 곁에 두자. 몇 가지만 주의하면 나만의 작가를 만날 수 있다.

아트테크 큐레이션

아트 딜러의 TIP

작가 발굴에 도움 되는 미술계의 상

미술계에는 수많은 공모전이 있다. 그중 미술계를 이끌 젊은 작가들을 위한 상을 주목하자. 다음 네 가지는 미술계에서 주목하는 프로그램으로, 새로운 작가를 발굴하려는 컬렉터에게도 매우 도움이 되는 정보다.

- **국립현대미술관 젊은 모색전** 국립현대미술관에서 1981년에 '청년작가전'이라는 이름으로 시작했다. 40여 년 전통의 가장 오래된 신진 작가 발굴 프로그램이다. 이불, 서도호 등 국내 유명 작가들도 거쳤다. 국립현대미술관은 젊은 모색전 외에도 '올해의 작가상'을 별도로 진행하고 있다.

- **금호영아티스트**: 금호미술관에서 수여하는 공모전으로, 2004년에 시작했다. 미술 전 분야를 대상으로 하며, 미술시장에서 주목하는 권위 있는 상이다. 수상자에게는 개인전 혜택이 제공된다.

- **아트스펙트럼 작가상**: 리움미술관에서 수여하는 상으로, 2014년에 시작했다. 2016년에 중단됐다가 6년 만인 2022년에 재개됐다. 리움미술관의 전시 기회가 제공될 뿐만 아니라 아트스펙트럼에서 수상한 작가들이 비엔날레에 초청되면서 미술계에서 주목하는 상으로 떠올랐다.

- **송은미술대상**: 송은문화재단에서 수여하는 상으로, 2001년에 시작했다. 대상 수상자에게는 상금 2,000만 원과 개인전 개최를 지원한다. 또한 송은문화재단과 서울시립미술관에서 소장품으로 수상자의 작품 두 점을 매입 후 3,000만 원 상당을 추가로 지원하고, 서울시립미술관과 협력해 레지던시 프로그램을 제공하는 등 수상 혜택이 매우 후하다.

지금 주목해야 할 라이징 작가 6인

세상엔 수많은 작가와 작품이 있다. 안목을 키우려면 작품을 많이 보는 것이 중요하다. 그렇다면 어떤 작가의 작품을 보면 좋을까? 현직 아트 딜러로서 지금 주목해야 할 작가 6인을 소개한다. 여기서는 작가가 전하는 작품 설명을 비롯해 작가 노트 중 일부를 발췌해 실었는데, 이러한 사전 지식과 함께라면 작품이 한층 새롭게 보일 것이다.

1
윤이도 작가

인스타그램
@longlongnight_2021

〈오래된 집은 이윽고 밤을 맞이하기로 했다: 냉장
고가 나가던 날〉, 장지에 먹, 50×40cm, 2021

작가 소개

윤이도 작가는 작업을 하는 친구에게 소개받아 알게 되었다. 내가 느
낀 윤이도 작가는 자신의 고민을 작업을 통해 이야기로 풀었다. 작업
의 주재료는 먹이다. 재료의 깊이와 작가의 개인적 사연이 먹을 사용
하는 이유다. 이전에는 키네틱 아트, 미디어 아트, 영상, 그리고 설치
작업을 했다. 작가는 현대 도시 풍경 이면에 남겨진 공간과 이와 관
련된 사사롭고도 내밀한 이야기들에 주목한다. 서울이라는 도시 내
의 다양한 공간을 관찰하는 과정에서 대면하게 된 인물들과의 대화,
사건, 사물을 수집한다. 이를 통해 그것들이 담고 있는 정보와 이미

지에서 촉발된 이야기들을 화면에 재구성하는 방식이다. 특히 사회적으로 조명받지 못하고 사라진 장소들에 관심을 가진다. 장소의 역사를 알아보기 위해 도서관에서 자료를 수집하거나 인터뷰를 하고, 이 이미지들을 재구성해서 드로잉과 글로 기록하는 방법으로 작업한다. 작가가 신경 쓰는 부분은 "이 작업을 통해 어떤 감정과 이야기를 관람객에게 전달할 것인가? 그리고 그것을 전달하기 위해 어떤 형식과 태도를 취할 것인가?"다. 작업은 현재 A4 용지 크기의 작품들이 많다. 주로 현장에서 직접 스케치를 하면서 그리다 보니 손쉽게 들고 다닐 수 있는 크기의 작업을 선호하는 편이다. 작가의 컬렉터는 나사에서 근무하는 외국인 연구원에서부터 이전에 같이 전시에 참여했던 작가에 이르기까지 직업이나 연령대가 매우 다양하다. 윤이도 작가의 가장 가까운 목표는 앞으로 준비해야 할 개인전 및 전시 프로젝트들을 즐겁게 진행하는 것이다. 오랫동안 작품 활동을 지속하길 소망한다.

작품 구매 방법

전시 중인 갤러리, 옥션

'작가 노트' 중 일부 발췌

5년 전 고독사로 작고하신 외할머니의 부재로부터 시작된 다양한 사건들과 할머니가 남기고 가신 집과 텃밭에 대한 내러티브를 수행적인 태도로 기록해왔던 작가는 장례를 지내고 빈집으로 남겨졌던 할머니 댁에서 유품을 정리했던 경험을 바탕으로 한 인물의 죽음이 야기한 상황들과 이를 둘러싼 내적 갈등을 집요하고도 노동 집약적인 드로잉들로 표현해왔다. (중략) 작가가 선택한 이 장소는 현재 재개발로 인해 사라져버린 공간이다. 작가는 이 상실된 공간에서 벌어진 다채로운 사건들을 기록해나가는 과정, 즉 할머니와 어머니, 그리고 작가가 이어온 이 공간에 대한 기억과 감정의 역사를 가족들과 되짚어가는 과정을 바탕으로 서로를 이해하지 않으려 했던 시간 속에서 은연중에 쌓아 올렸던 세대 간의 벽을 조금씩 허물어보고자 했다.

결론적으로 작가는 외할머니의 죽음 뒤에 남겨진 장소들을 추적하는 과정에서 발견한 사회적 감수성을 희석되지 않는 먹과 이쑤시개를 이용하여 마치 단단한 돌에 새기듯 성실하고도 세밀히 이를 기록해가고자 한다. 작가가 이런 노동 집약적인 태도를 취하는 이유는 이 작업의 원동력이 애도, 더 나아가 긴 시간 축적해온 사랑이라는 감정에서부터 시작되었기 때문일 것이다.

작품 소개

이 작업은 철거 공사 하루 전, 할머니의 텃밭이 존재했던 마지막 날

〈오래된 집은 이윽고 밤을 맞이하기로 했다: 타오르던 밤〉, 장지에 먹, 150×105cm, 2021

의 밤 풍경을 담고 있다. 텃밭에 피어 올린 모닥불 앞에 모여 그동안의 추억을 침묵으로 더듬었던 그날의 모습을 재현한 이 작업을 통해 작가는 할머니가 오랜 시간 쌓아 올린, 그러나 내일이면 사라져버릴 공간의 역사를 이쑤시개를 이용한 조밀한 선들로 새기고자 했다.

〈오래된 집은 이윽고 밤을 맞이하기로 했다: 냉장고가 나가던 날〉은 할머니가 돌아가신 뒤, 직접 할머니 댁에서 유품들을 정리했던 작가는 정리의 마지막 날을 한 장의 드로잉으로 담아냈다. 작가는 할머니께서 언제나 집안의 대들보라고 말씀하시던 냉장고를 집 밖으로 꺼냄으로써 할머니의 오래된 집이 진정으로 빈집이 되어버린 장면을 그려내 한 인물의 역사, 그리고 한 공간의 역사가 종지부 지어지는 광경을 기록으로 남겨보고자 했다.

작가 이력

학력
- 2016 이화여자대학교 대학원 조형예술대학 서양화과 석사 졸업
- 2012 이화여자대학교 조형예술대학 서양화과 학사 졸업

개인전
- 2022 〈오래된 집은 이윽고 밤을 맞이하기로 했다〉, 오!재미동 갤러리, 서울
- 2021 〈긴긴밤, 빈 눈으로, 고이〉, Keep in Touch Seoul, 서울
- 2021 〈산책자를 위한 안내도〉, 공간파도, 서울
- 2013 〈기억의 해석〉, 서교예술실험센터, 서울

주요 단체전(최근 3년만 기재)

- 2022 〈HxOxMxE〉, 서교예술실험센터, 서울
- 2022 〈231.4m²+131.82m²〉, 갤러리175
- 2022 〈씨비전: 한 사람의 생애〉, 빌라해밀톤, 서울
- 2022 〈ondulación〉, 4log, 서울
- 2020 〈탕이야기: 사사이람_영등포〉, 영등포시장역 라운지사이갤러리, 서울
- 2020 〈사사이람〉, 서울시청 시민청갤러리, 서울
- 2020 〈Mayfly〉, 예술공간세이, 서울
- 2020 〈실패전: 프리퀄〉, 플랜비프로젝트스페이스, 서울

주요 수상 및 지원 사업 수혜 경력

- 2022 예술활동 거점지역 활성화 사업 '예술생태랩' 프로젝트 '문래어스' 참여 작가 선정, 영등포문화재단
- 2022 서교예술실험센터 공성장형 예술실험지원 'LINK' 사업 지원 작가 선정, 서울문화재단 / 서교예술실험센터
- 2022 조형연구소 전시 공모 지원 작가 선정, 한국예술종합학교 조형연구소 / 갤러리175
- 2022 룬트갤러리 작가 공모 지원 작가 선정, 룬트갤러리
- 2021 오!재미동 신진 작가 공모 지원 작가 선정, 서울특별시 / 충무로영상센터 / 서울영상위원회
- 2020 '노인의 삶에 예술로 공감하는 이야기집' 서울특별시 시민참여예산 시정협치 부분 선정 사업 지원 작가 선정, 서울특별시 / 선잠25(이야기청)
- 2017 〈서울청년예술단〉 시각예술 분야 지원 작가 선정, 서울특별시
- 2014 〈공장미술제: 생산적인, 너무나 생산적인〉 참여 작가 선정, 공장미술제 운영위원회
- 2012 〈끓는 상상: 99℃ 아티스트〉 서울문화재단 유망예술지원사업 작가 선정, 서울문화재단 / 서교예술실험센터
- 2009 '아시아프(ASYAAF)' 작가 선정, 문화체육관광부 / 조선일보사

2
임지민 작가

인스타그램
@jiminim29

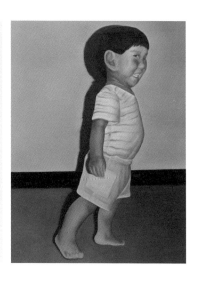

〈송 여사의 자(Mrs. Song,s son)〉,
캔버스에 유채, 90.9×72.7cm, 2010

작가 소개

임지민 작가는 '2021 화랑미술제' 신진 작가 특별전에서 처음 알게 되었다. 별처럼 모여서 하나의 우주를 이루는 작품의 힘에 매료되었다. 이후 MKTV와 작가를 연결한 것을 계기로 작가의 비전을 응원하고 있다.

작가는 현대인들이 바쁜 일상으로 마음에 맺힌 감정을 간과할 때가 많다고 바라본다. 이를 위해 순간들을 잊지 않고 다시 떠올리게 하는 작업을 하려고 노력한다. 하나의 경험에서 이어지는 생각과 동반된 사람들, 상황, 분위기, 감정 등 다양한 것들을 연상하고, 시집을 참고하기도 한다. 작가는 자신의 작업이 개인의 이야기로 시작했지만, 누구나 겪고 공감할 수 있는 부분이 있을 거라 말한다. 그 이야기를 어떻게 담고 구성할지 고민하는 과정에서 담담하게 자신의 이야기를 표현하는 것을 가장 많이 신경 쓴다. 작가는 자신의 컬렉터가 작가와 닮았다고 얘기한다. 특히 작가의 작품은 재구매로 이어지는 컬렉터가 많다는 것과 주변 작가들이 구매하는 것이 특징이다. 작업은 주로 정방 사이즈가 많고, 앞으로 다양한 사이즈를 시도할 예정이다.

이 책에서는 분량상 최근 3년간의 단체전만 기록했지만 작가는 OCI미술관, 소다미술관, 양주시립장욱진미술관, 영은미술관 등 미술관에서도 꾸준하게 전시를 진행했다.

작품 구매 방법

전시 중인 갤러리, 아트 페어, 미술 작품 구매 온라인 사이트

'작가 노트' 중 일부 발췌

나의 작업은 아버지를 잃은 경험에서 시작된다. 아버지를 잃고 난 후 찾아온 갑작스러운 삶의 변화는 세상을 바라보는 시각, 태도에 영향을 주었고 이는 작업의 시발점이 되었다.

지금까지 작업은 가족사진을 소재로 한 인물화 작업 시기, 사진 속

인물의 특정 부위만을 잘라서 그린 크롭 페인팅 시기, 가면을 쓴 아이들이 등장하는 가면 시리즈 시기, 기억의 조각들을 모아 하나의 화면을 만들어내는 메모리 콜라주 시기로 이어졌다. 그리고 2021년부터 현재까지 진행되고 있는 작업들은 다섯 번째 작업 시기의 작업이라 할 수 있다.

나의 작업은 개인적이면서 동시에 보편적인 형태로 진행되어오고 있다. 나는 작업에 돌입하기 전 수많은 이미지를 수집한다. 그것들은 나와 연관된 이미지들 또는 즉흥적으로 눈이 가는 이미지와 그것에서 파생된 또 다른 이미지들이기도 하다. 이렇게 수집된 이미지들을 나열하고 이를 현재의 상황이나 과거의 기억과 결합해 복합적인 감정의 총체로써 회화로 구현하는데, 연속적인 일련의 그림은 하나의 큰 화면을 생성하기도 한다. 이 과정에서 원래의 이미지가 보유하고 있던 문맥은 상실되거나 숨겨지고, 투박하게 그려진 이미지는 그림 그 자체의 정서적 울림을 강조하며 하나의 '상징적인 시'로서 자리하게 된다.

작품 소개

〈송 여사의 자〉는 작가가 가장 아끼고 애착을 가지는 작품이다. 작가의 아버지는 회화 작가였다. 작가에게 큰 영향을 준 아버지를 갑작스럽게 떠나보낸 경험은 삶을 바라보는 시각과 태도에 변화를 주었다.

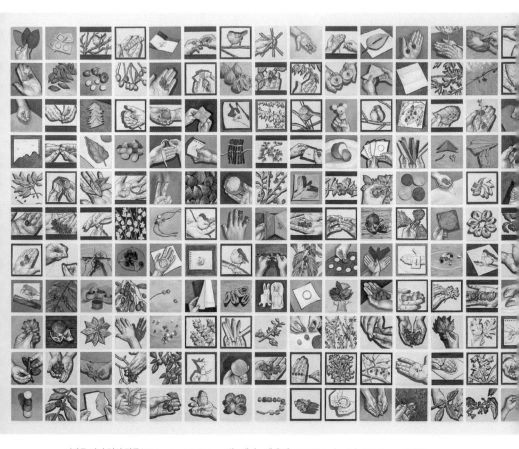

〈잘못 적어 밀린 답들(Misnumbered Answers)〉, 캔버스에 유채, 25×25cm(each)_168pieces, 2020

그것이 작업의 시작이었다.

이 작업을 시작으로 가족사진을 소재로 한 인물화 작업을 몇 년 동안 지속했다. 이 작업은 작가의 마음을 다독이고 단단하게 만든 작가의 기록과 시간이다.

〈잘못 적어 밀린 답들〉은 이병률 시인의 시집《바다는 잘 있습니다》에 실린 〈파문〉이란 시의 마지막 구절에서 영감을 얻었다. "잘못 적어 밀린 답들은 / 어느 시인 집 앞에 보이게 버려질 것이다". 작가는 이 문장이 본인이 작업하는 과정과 닮았다고 생각했다. 행복하지만 소중한 사람을 떠나보내야만 했던 슬픈 과거, 그리고 미래에 언젠가 또다시 수많은 이별을 맞이해야 한다는 불안, 이러한 감정이 불현듯 현재로 소환되는 순간들을 수집한 이미지들이 작업의 소재다.

작가 이력

학력
- 2019 건국대학교 일반 대학원 현대미술학과 석사 졸업
- 2010 건국대학교 예술디자인대학 현대미술학과 졸업

개인전
- 2022 〈다시, 안녕〉, 소노아트, 서울
- 2021 〈이같이 별일 없는 날이지만〉, 학고재 디자인 프로젝트 스페이스, 서울

- 2020 〈잘못 적어 밀린 답들〉, 청주미술창작스튜디오, 청주
- 2020 〈Tool and Boxes〉, 아트스페이스영, 서울
- 2019 〈잔향〉, FAS, 서울
- 2019 〈개방 무대〉, 비컷갤러리, 서울
- 2018 〈닫힌 문, 열린 막〉, 로우갤러리, 파주
- 2017 〈방백과 독백〉, 킵인터치, 서울
- 2017 〈부유하는 기억들〉, 갤러리시작, 서울
- 2016 〈시선의 흔적〉, 갤러리그리다, 서울
- 2015 〈기억의 조각을 모으다〉, 서진아트스페이스, 서울

주요 단체전(최근 3년만 기재)
- 2022 〈제로베이스 v12_Parts Unknown〉, 서울옥션 강남센터, 서울
- 2022 〈경쾌한 자서전〉, 도잉아트, 서울
- 2022 〈지금 당장, 지금 여기〉, 뮤즈세움, 울산
- 2022 〈세상의 모든 드로잉〉, 아터테인, 서울
- 2022 〈The Beginning〉, 프린트베이커리 더현대서울점, 서울
- 2021 〈New Type〉, 디아트플랜트 요갤러리, 서울
- 2021 〈머리 위 파도, 가슴 밑 구름〉, 이목화랑, 서울
- 2021 〈비밀의 화원〉, 아트소향, 부산
- 2021 〈지나가는 풍경 머무는 마음〉, 아트스페이스영, 서울
- 2021 〈Love is Love: 밤새워 말해봐도〉, 소다미술관, 화성
- 2021 〈화랑미술제 신진 작가 특별전: 줌-인〉, 코엑스, 서울
- 2021 〈Untitled〉, 디아트플랜트 요갤러리, 서울
- 2021 〈The Blue〉, 카라스갤러리, 서울
- 2021 〈세상의 모든 드로잉〉, 갤러리인, 서울
- 2020 〈Fear and Love〉, 아트스페이스 영, 서울
- 2020 〈Thedesert.xyz〉, SeMA창고, 서울
- 2020 〈BGA 오프라인 쇼케이스: Physical〉, 팩토리2, 서울
- 2020 〈서브(Sub)〉, 유아트스페이스, 서울

- 2020 〈난립예정지〉, 청주미술창작스튜디오, 청주 / 주홍콩한국문화원, 홍콩
- 2020 〈에세이: 나는 지금, 얼마나 충만한가!〉, 드로잉룸, 서울
- 2020 〈크리에잇티브 리포트〉, OCI미술관, 서울

프로젝트
- 2021 시공간 메모장, 썬더버드, OCI 본사, 서울
- 2013 아르코 신진 작가 워크숍, 인사미술공간, 서울

레지던시
- 2022 장흥 가나아뜰리에, 양주
- 2020 청주미술창작스튜디오 14기, 청주
- 2019 OCI미술관 창작스튜디오 9기, 인천

주요 수상 경력
- 2021 최우수상, 〈화랑미술제 신진 작가특별전: 줌-인〉, 한국화랑협회, 서울
- 2021 선정, 퍼블릭아트 뉴히어로, 월간 퍼블릭아트, 서울
- 2017 입선, 제2회 뉴 드로잉 프로젝트, 양주시립장욱진미술관, 양주
- 2015 입선, 서울디지털대학교 미술상, 서울디지털대학교, 서울
- 2012 입선, 서울디지털대학교 미술상, 서울디지털대학교, 서울

작품 소장처
- 서울시청 박물관과, 서울

3
장정후 작가

인스타그램
@jangjeonghu_official

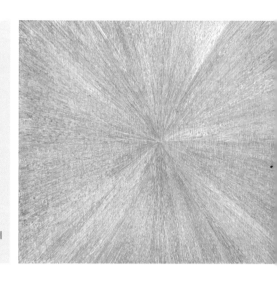

〈태움, 이상으로의 몸부림 100-5〉, 알루미늄에
혼합매체 & 스크래치, 165×125cm, 2022

작가 소개

작업 과정부터 결과까지, 장정후 작가는 작가 본인을 담은 작업을 한다. 작가는 캔버스가 아닌 철판 위에서 작업한다. 이는 작가 고유의 강렬한 성향을 담는다. 철판 위에 날카로운 공구와 페인팅으로 제대로 된 한 점을 위해 스스로를 짜내는 집념과 예민함은 작가에게 꼭 필요한 작업 요소다. 이를 통해 '금빛 실타래를 잡는 순간'을 만난다. 작가의 작품으로 새로운 깨달음, 위로와 안식, 그리고 삶의 방향을 정비할 수 있는 좋은 기를 얻게 되길 바란다. 작가의 컬렉터는 진중한 기에 이끌려 온 이들이 대다수다.

작가는 현재의 작업을 꾸준히 진행하고 심화하면서 진화를 거듭할 계획이다. 국제사회 이슈를 담은 설치 작업과 관객의 오감을 자극하는 색다른 시도, 매체에도 관심이 높다. 작가는 하나의 작업에 국한되는 것이 아닌, 여러 경계를 넘나들며 예술가로서 관객들과 다채롭게 소통할 방법을 모색하고, 작가가 제시할 수 있는 질문과 답을 찾아 인류의 삶의 증진과 예술계에 공헌하는 것이 목표다. 먼 훗날 이 길을 돌아봤을 때, 스스로가 걸어왔던 모든 발자취가 만족스러운 작품으로 완성되어 있기를 희망한다.

작품 구매 방법

MANSION9, 외부 전시일 경우 해당 갤러리

'작가 노트' 중 일부 발췌

원후취월(猿猴取月)

'원숭이가 바라보고 잡으려는 달은 물에 비친 허상이요. 스스로의 분수를 망각하고 욕심에 눈이 멀어 달을 잡으려다 결국 물에 빠져 죽음을 면치 못하리.'

동진(東晉)의 불교경전《마하승기율(摩訶僧祇律)》은 물에 비친 달을 쫓은 어리석은 원숭이의 모습을, 그와 반대로 한자 원문은 달을 잡은 원숭이로 묘사하고 있다.

하나의 고사성어 속 이처럼 상반된 모습을 동시에 담고 있는 양면성은, 닿을 수도 혹은 닿지 못할 수도 있는 이상을 향해 사투하는 인간의 삶을 보여주는 듯하다.

현재 선보이는 〈태움, 이상으로의 몸부림〉 시리즈는 알루미늄 철판 위에 스크래치로 어지러이 표현되어, 보이는 위치와 각도의 따라 빛을 흡수하고 반사하며 강렬함과 신비로움을 동시에 선보인다.

포효하듯 아로새겨진 이 몸부림은 닿고자 손짓한 이상을 향한 투쟁의 여정. 물과 달이라는 환영과 이상의 간극에서 펼쳐지는 고독의 방황 속, 타오르며 깨달아 성장하는 우리 인간의 삶을 아로새긴 사투의 흔적이자, 머나먼 저편 혹은 어쩌면 가까이에 있을 보이지 않는 낙원을 향한 애절함이다.

지금의 작업을 우리 인간이 가진 살아있음을 증명하는 위대한 삶의 에너지로써, 그리고 인간이었기에 불완전함을 극복하고 진중하게 세상을 등반하는 시대물의 발자취로써 보여주고자 한다.

이상의 도달이란 무엇일까.

작가는 관객에게 우리들이 갈망하며 달려가는 그 종착지에 대한 질문을 던진다. 인고의 시간 외로운 철길, 스스로를 태워 나아갔던 투쟁의 그 저편은 과연 어떤 모습일까.

아트테크 큐레이션

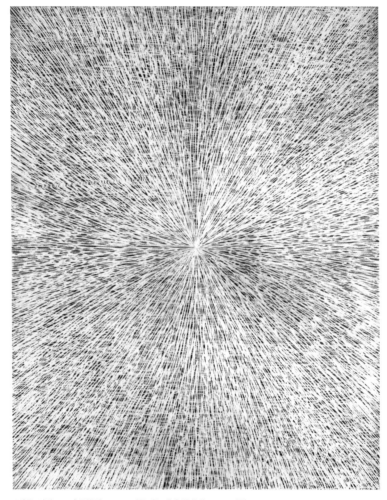

〈태움, 이상으로의 몸부림 80-3〉, 알루미늄에 혼합매체 & 스크래치, 112.1×145.5cm, 2022

작품 소개

〈태움, 이상으로의 몸부림〉. 모든 것을 내려놓아 스스로를 태우니, 떠오른 재 가루 그토록 갈망하던 달빛 속에 스며든다.

어지러운 상념의 그 저편, 백지화된 마음 위에 신께선 과연 어떤 우연의 절경을 그려주실까? 한낱 인간, 이상을 향한 선로 위에서 그 어딘가를 바라본다.

작가 이력

개인전
- 2022 〈란섬〉, MANSION9
- 2022 〈태움의 길-빛의 무도〉, 혜화아트센터
- 2022 〈태움의 길-삶, 인간, 이상 그리고 지금〉, 당림미술관
- 2021 〈태움의 저편〉, 잇다스페이스
- 2020 〈이상의 선로〉, 송미영갤러리
- 2020 〈이상으로의 몸부림〉, MANSION9
- 2019 〈비움 타는 남자〉, 송미영갤러리
- 2017 〈환영과 이상의 경계〉, 갤러리다온 외

주요 단체전(최근 3년만 기재)
- 2022 〈ART BOOM〉, 루브르박물관, 프랑스, 파리
- 2022 〈INTO THE LIGHT〉, 파르나스호텔 제주
- 2022 〈Mansion9 x Teambotta NFT Project〉, 갤러리아포레
- 2022 〈BAMA 프리뷰 in THE HYUNDAI SEOUL〉, 더현대서울
- 2022 〈Mansion9 LIV-ing ART-New Year〉, 현대리바트

아트테크 큐레이션

- 2021 〈Colour of Life〉, 사치갤러리, 영국, 런던
- 2021 〈Focus London〉, 폴드갤러리, 영국, 런던
- 2021 〈Art Connects in New York〉, K&P갤러리, 미국, 뉴욕
- 2021 〈Mansion9 LIV-ing ART-In your life〉, 현대리바트
- 2021 〈K옥션 8월 프리미엄 프리뷰전〉, K옥션 사옥
- 2021 〈Emerging Artist with SHINSEGAE〉, 강남 신세계백화점 VIP라운지
- 2021 〈Emerging Artist with SHINSEGAE〉, 신세계백화점 타임스퀘어
- 2021 〈해와 달에게〉, 아트필드갤러리
- 2020 〈K옥션 12월 프리미엄 프리뷰전〉, K옥션 사옥
- 2020 〈영 아티스트전〉, 갤러리두

4 최수정 작가

〈몽중몽(夢中夢)〉, 디지털 포토 콜라주, UV 잉크젯 프린트, 137×264cm, 2011

작가 소개

최수정 작가의 작품은 경매에서 처음 마주했다. 익숙한 듯 낯선 소재와 표현이 신선하게 다가와 이후 작가의 행보를 지켜보았다. 작가는 직접 촬영한 자연물의 사진을 이용해 디지털 공간 안에서 변형하고 쌓아가며 비현실적인, 초현실적인 이미지를 표현한다. 작가는 이것을 "디지털 공간 안에서의 조각 활동"이라고 명명한다. 환영적인 공간에서 자유로이 뛰노는 사슴은 생명의 영속성을 표현한다. 이는 작품의 메인 소재가 되는 나무의 순환과 닮았다. 평이하지 않은 비일상적·초현실적인 요소들의 집합이 매력이다.

작가는 2013년 첫 개인전을 시작으로 약 5년간 국내외 다양한 아트 페어에서 작품을 선보였다. 분량상 이력을 모두 기재하지 못했지만 LA아트쇼, 스콥바젤 아트 페어, 스콥마이애미 아트 페어, 스콥뉴욕 아트 페어, 홍콩 어포터블 아트 페어, 화랑미술제 등 40여 회다. 컬렉터는 작품에 많은 호기심을 갖고 호평을 하는 외국인 컬렉터부터 디자이너, 아트 컨설턴트 회사까지 다양하다. 작품 사이즈는 15~200호까지 다양하며, 주로 60~100호 크기의 작품이 많은 비중을 차지한다. 이 밖에도 입체 작업과 영상 작업을 진행하고 있다.

작품 구매 방법

경매, 작가 개인 연락(인스타그램)

'작가 노트' 중 일부 발췌

#기형적 자연

자연은 그 스스로의 에너지를 갖고, 또한 자연스럽게 변화하는 시간성을 내포하고 있다.

본인은 그 에너지의 자발성, 생명에서만 보여지는 운동성과 변화에 관심이 있다.

본인은 자연 운동의 자발성에 인위성을 가미한다.

가장 익숙하고 자연스러운 존재인 자연의 이미지(직접 촬영한 사진)를 콜라주 등의 부자연스러움을 활용하여 인간이 한계 짓는 것들에 대한 인식의 전환을 유도하고 있다.

지식화 고착화가 아닌 인식의 확장과 이분법적으로 대립하지 않는 가변성을 잘 드러내 보여주는 것 또한 자연이라고 생각한다.

본인의 작품의 개념 자체가 자연의 모습을 하고 있다. 그 자연은 끊임없이 변화해가는 과정으로서 순환을 보여주고 있다. 자연의 순환을 통하여 인식의 순환과 지속 가능성을 이야기한다.

작품 소개

〈자견〉은 사슴의 얼굴을 크게 확대해서 미시적인 공간 속에 존재하는 생명체들을 표현했다. 다양한 계절에 다양한 지역에서 촬영하여 실제한 공간에서 볼 수 없는 자연의 모습들을 한 작품 안에서 조합한다. 작은 돌을 크게 확대해 바위로 만들거나 큰 폭포를 작은 눈물로 만드는 등 크기를 의도적으로 변형하고 복제하며 비현실적인 생명체를 만들었다.

아트테크 큐레이션

〈자견(自遣)〉, 디지털 포토 콜라주, UV 잉크젯 프린트, 120×138cm, 2015

〈몽중몽〉은 똑같은 자세의 복제된 사슴들이 정면을 응시하며 몽환적인 느낌을 자아낸다. 현실과 꿈이 구분이 안 된다는 뜻으로,《장자》의 '호접지몽'에서 아이디어를 얻었다. 꿈과 현실을 구분하기 힘든 상태를 담아냈다.

작가 이력

학력
- 2021 홍익대학교 일반 대학원 박사과정 조소과 재학
- 2010 홍익대학교 일반 대학원 공간디자인과 졸업
- 2006 홍익대학교 조소과 졸업

개인전
- 2015 〈최수정展〉, GS타워 더스트리트갤러리, 서울
- 2015 〈invisible nature〉, 박영덕화랑, 서울
- 2013 〈illusion a.m. 4:17〉, 두루아트스페이스, 서울
- 2013 〈illusion a.m. 4:17〉, 갤러리나우, 서울

주요 단체전
- 2022 〈3650 Storage-인터뷰〉, 서울미술관, 서울
- 2022 〈한국-요르단 수교 60주년 기념 특별전 '연대와 환대'전〉, 국립아시아문화전당, 광주
- 2022 〈Seoul Amman Anthology〉, 스펙트럼갤러리, 서울
- 2022 〈Breaking the Borders〉, Ras Al-Ein gallery, 암만, 요르단
- 2021 〈Meeting room 571 141 813〉, 갤러리H, 서울
- 2021 〈BAF 청년작가전〉, 킨텍스, 서울

아트테크 큐레이션

주요 수상 경력

- 2021 BAF청년작가 공모전 최우수상, 서울

작품 소장처

- 국립현대미술관 미술은행
- 국립현대미술관 정부 미술은행
- 분당 서울대학교병원
- 국내외 개인 소장 다수

5 토코토코 진 작가

인스타그램 @tocotoco.jin

〈The dreaming camels in Jerusalem〉, 캔버스에 아크릴, 72.5×117cm, 2021

작가 소개

토코토코 진 작가는 '토코토코'라는 왕부리새 캐릭터로 10년 넘게 작업 세계를 구축해왔다. 작가는 이야기를 만들고 손으로 뭔가 만들어내는 것을 좋아해서 그림을 그리고 글을 쓴다. 스스로를 소심한 성격이지만 흥이 많다고 표현하는데, 작품의 유쾌함이 작가와 닮았다. 작가는 성격 덕분에 여러 가지 시도를 하게 되었다고 회상한다. 회화, 디지털, 조형, 애니메이션, 벽화 등이다. 토코토코의 슬로건은 'Tocotoco is your friend!'다. 많은 사람에게 친근한 캐릭터가 되길 바라는 마음이다. 이를 위해 아이디어와 작품 퀄리티, 마케팅에 신경을 쓴다. 작가 스스로가 토코토코라는 브랜드를 키워나간다고 생각하기 때문이다. 그래서 작가만큼이나 작품을 아끼고 가치를 두는 사람이 작품을 구매하길 바란다. 작가의 컬렉터는 젊은 30~40대 직장인들, 어린아이들, 자녀를 둔 부모들, 외국인이 다수다. 작업 사이즈는 1호부터 100호까지 다양하다. 벽화 작업도 종종 하는데, 여행하며 벽화 작업을 이어나가길 소망한다. 현재는 루브르박물관에 있는 작품을 토코토코 버전으로 재해석하는 작업을 진행 중이며, 개인전으로 소개할 예정이다. 또한 실크스크린 에디션 작업을 계획하고 있다.

작품 구매 방법

작가 개인 연락(인스타그램), 전시 중인 갤러리, 아트 페어

'작가 노트' 중 일부 발췌

토코토코 유니버스의 정글을 탐험하는 캐릭터 토코토코와 친구들을 통해서 다양한 이야기를 전달하고 있습니다.

크고 노란 부리를 가진 토코토코. 화려한 부리가 이색적이나 그 크기가 몸집에 비해 유난히 커서 날 수 있을지 의문이 들기도 합니다. 하지만 토코토코의 부리는 그 안에 공기가 가득해서 어디든지 자유롭게 날아갈 수 있다고 합니다. 토코토코 유니버스 안에서 토코토코

와 친구들은 정글을 탐험하며 세상을 향해 날아갈 준비를 합니다.

작가인 저는 편안한 삶을 벗어나 새로운 것에 늘 도전을 해왔는데 토코토코와 친구들이 아늑한 곳을 떠나 새로운 곳을 찾아 도전하는 곳이 바로 토코정글입니다. 그리고 토코토코와 친구들은 '토코슈즈'를 신고 정글을 탐험합니다. 저는 어릴 적부터 늘 편안한 부모님의 그늘 아래를 벗어나 더 힘들어도 새로운 곳으로 가고 새로운 것에 도전하고자 하는 의지가 강했었는데 새로운 것을 도전하는 곳이 '토코정글'이며, 그럼에도 불구하고 친구들은 토코슈즈를 꼭 신고 정글을 여행하는데 토코슈즈는 멀리서도 베이스가 되는 가족의 사랑을 의미합니다.

작품 소개

〈The Dreaming Camels in Jerusalem(이스라엘 예루살렘)〉은 예루살렘에서 작업했던 '꿈꾸는 낙타들'이다. 처음으로 숙식 교환을 한 '아브라함 호스텔'에서 작업했다. 쉽게 볼 수 있는 야생 낙타들을 꿈을 꾸며 걸어가는 모습으로 표현했다.

〈아프리카 베지터블 맵(에티오피아 아디스아바바)〉은 에티오피아 여행 중 벽화를 그려달라는 부탁을 받고 작업했다. 2주 동안 에티오피아의 식당 가족들과 지내며 식당의 번창과 안전한 아프리카 여행을 기원하는 마음을 담았다.

아트테크 큐레이션

〈아프리카 베지터블 맵〉, 캔버스에 아크릴, 130.3×162.2cm, 2021

작가 이력

개인전

- 2022 〈토코토코와 친구들의 겨울〉, 갤러리베누스, 하남시
- 2022 〈사랑에 빠진 사람의 시선〉, 안다즈 서울강남×토코토코 진 / OW, 서울
- 2021 〈DDDDDinos...!〉, 아트스페이스H, 서울
- 2021 〈World Wide Wall〉, 갤러리다온, 서울
- 2020 〈BBBBBirds...!〉, YEU&ME, 서울
- 2017 〈A BIRD'S EYE VIEW〉, 갤러리이마주, 서울
- 2016 〈FIGHT OF FANCY〉, 탐앤탐스유기농테마파크점

주요 단체전(최근 3년만 기재)

- 2022 〈Von Voyage〉, 프린트베이커리, 판교
- 2022 〈BLACK COLOR〉, 아트스페이스H, 서울
- 2022 〈윤석이와 토코토코의 집 가는 길〉, 아트GG갤러리, 분당구
- 2022 〈The Edit; 서울옥션 제로베이스〉, 강남 신세계백화점
- 2022 〈화랑미술제〉, 아트스페이스H, 서울시
- 2021 〈토코토코와 친구들의 겨울〉, 카카오메이커스
- 2021 〈Maison De Noël〉, 갤러리이함, 프랑스 파리
- 2021 〈v8; 서울옥션 제로베이스〉, 서울옥션 강남센터

벽화 프로젝트

- 2022 Tocotoco in Dongducheon, 동두천시×토코토코 진
- 2022 Tocotoco in New York, NY, 맨해튼
- 2022 Tocotoco in LA, 6ixthsense LA
- 2020 Tocotoco in Seoul, 서울시 창동
- 2019 Tocotoco in Egypt, 이집트, 기자
- 2019 Tocotoco in Ethiophia, 에티오피아, 아디스아바바
- 2019 Tocotoco in Kenya, 케냐, 나이로비

- 2019 Tocotoco in Madagascar, 마다가스카, 안타나나리보
- 2019 Tocotoco in India, 인도, 뉴델리
- 2019 Tocotoco in Malawi, 말라위, 릴롱궤
- 2019 Tocotoco in Zimbabwe, 짐바브웨내셔널갤러리, 불라와요
- 2019 Tocotoco in Uganda, 우간다, 진자
- 2019 Tocotoco in Tel-Aviv, 이스라엘, 텔아비브
- 2019 Tocotoco in Jerusalem, 이스라엘, 예루살렘

6
호정 작가

인스타그램
@hhojungg

〈바람이 내리는 길〉, 나무 패널에 한지 콜라주,
116.8×91.0cm, 2020

작가 소개

호정 작가의 작품을 마주한 것은 어느 단체전이다. 부디 사진보다 실물이 좋길 바랐던 내 마음에 단죄를 내리듯, 작품 앞에 서는 순간 고요함이 주변을 감쌌다. 형형색색 화려한 작품이 아니었음에도 작품의 힘이 대단했다.

작가는 수행하는 마음으로 작업에 임한다. 한지를 조각내서 찢고 붙이는 그 모든 시간이 기도와도 같다. 자신의 작품이 위로와 쉼, 에너지가 필요한 이들 곁에서 좋은 이야기가 되길 바란다. 작가 스스로에게 울림을 전할 수 있는 작품인지 되새긴다. 작가 자신의 마음을 움직일 수 있는 작품이어야 하는 것이다. 자신의 작품을 오랜 시간 고요한 몰입을 기대하는 이에게 추천하는 이유다. 주재료는 한지다. 색과 바람이 절묘하게 어우러진 소재로 보았다. 도구를 사용하지 않고 찢어낸 닥 섬유 특유의 물성을 그대로 담아낸 것이 작가의 작업이다. 고유의 이미지가 효과적으로 전달되도록 연구한다. 작가는 '색(色)'에 몰두하며 '색채의 주학'에 신경 쓴다. 새로운 색채 구성을 선보이기 위해 노력하는 이유다. 작품은 크기와 무관하게 세로형을 선호한다. 이는 바람이 쌓이는 축적의 이미지를 표현하기에 세로가 더 용이하기 때문이다. 작가는 자신의 작업이 '숭고미'에 이르길 소망한다. 좋은 날에도 흐린 날에도, 늘 위로와 쉼이 될 수 있는 좋은 벗과 같은 작품을 많이 쌓아가며 '좋은 작가'가 되기 위해 분투하는 중이다.

작품 구매 방법

전시 중인 갤러리, 옥션

'작가 노트' 중 일부 발췌

그 바람, 그 색

바쁜 걸음을 멈추면,

초록이 눈에 들어오고,

이내 그 고운 손짓이 마음에 내려와

쉼이 채워진다.

끝을 모르게 이어지는 터널에서

현기증을 느끼던 어느 날,

기적처럼 찾아온 빛은

바람이었다.

찬란하기까지 한 바람이었다.

그 바람은 어제를 다독였고,

오늘을 채웠으며,

내일을 꿈꿀 수 있게 했다.

아트테크 큐레이션

바람 끝에 머문 그 고운 춤은

색(色)으로 조각조각 마음에 새겨졌고

생을 향한 처절한 몸부림이자,

행복을 향한 여정인 그 바람 조각을

화폭 가득 채움은

삶을 향한 열정이었다.

어두운 삶에 찾아온 찬란한 바람,

숨이 되고 쉼이 되어준

그 바람이 나도 되고 싶다.

아름다운 그 빛깔 고이 담아.

작품 소개

〈바람이 내리는 길〉은 계절을 지나며 찬란하기까지 했던 초록을 고스란히 담아내고 싶었던 마음을 담았다. 한참을 바라봐도 도무지 질리지 않는 그 초록이 청량하게 여름을 머금어 바람에 춤출 때, 그 환희란 어떤 말로도 표현할 수 없는 '쉼'이었다. 곁에 두고 시원한 커피

〈그 밤, 그 바람〉, 나무 패널에 한지 콜라주, 116.8×91.0cm, 2020

한 잔을 오래된 벗과 나누고 싶은 풍경이다. 바람이 내려 마음에 그득히 채워진다.

하늘에서 기대치 못한 색을 발견할 때, 그 하늘은 새로운 '의미'가 되어주고는 한다. 마음 한쪽에 오래도록 담겨 있던 '의미' 있는 무엇과의 유사성을 발견할 때, 또 그 하늘은 저반의 새로운 '이야기'가 된다. 밤하늘에서 그토록 사랑하는 고흐의 시선을 만났을 때, 그 색을 담아내지 않을 수 없었다. 헌정 시와 같은 이 작품이 새로운 세계가 되었다. 그리고 그 밤, 그 바람을 만났다.

작가 이력

학력
- 2009 이화여자대학교 조형예술대학 패션디자인 학사, 미술사 부전공

개인전
- 2022 〈Eh, oui! Je rêve! 꿈꾸는 자들의 시간〉, 갤러리두 초대 개인전, 서울
- 2020 〈The First Moment〉, 마롱아트스페이스, 서울
- 2017 〈GAGA Eiffel Tower Effect 선정: Promenade〉, GAGA gallery, 서울

주요 단체전(최근 3년만 기재)
- 2022 THE COLLECTION 2022, 더현대서울, 서울
- 2022 ART JEJU 2022, 롯데호텔제주, 제주

- 2022 PINK ART FAIR SEOUL 2022, 인터컨티넨탈서울 코엑스, 서울
- 2022 BANK ART FAIR SEOUL 2022, 인터컨티넨탈서울 코엑스, 서울
- 2022 ASIA HOTEL ART FAIR BUSAN 2022 파크하얏트 부산, 부산
- 2022 SEOUL HOTEL ART FAIR 2022, 인터컨티넨탈서울 코엑스, 서울
- 2022 〈2인전 바람, 바람 민율&호정〉, 갤러리탐 아트샵, 수원
- 2021 〈3인전 꽃을 사랑하는 방법〉, 갤러리두, 서울
- 2021 PINK ART FAIR SEOUL 2021, 인터컨티넨탈서울 코엑스, 서울
- 2021 HOME TABLE DECO FAIR 2021, BEXCO, 부산
- 2021 ASIA HOTEL ART FAIR BUSAN 2021, 파크하얏트 부산, 부산
- 2021 〈BIAF 뉴웨이브 작가 선정 특별전〉, 인사동 마루아트센터 그랜드관, 서울
- 2021 〈ASYAAF 히든아티스트 1부〉, 홍익대학교 현대미술관, 서울
- 2021 〈MALONG 197 ART MARKET〉, MALONG197, 서울
- 2021 〈아트마이닝 서울 공모전 INTO THE FOREST〉, 노들섬 스페이스445, 서울
- 2020 〈BONJOUR, 당신의 이야기〉, 마롱아트스페이스, 서울

주요 수상 경력
- 2018 제18회 대한민국 한지대전, 원주
- 2017 제17회 대한민국 한지대전, 원주
- 2016 제3회 서울 국제 일러스트레이션 대회, 서울
- 2016 ART-236 프로젝트, Hotel playce 제주, 제주

기타
- 2021~2022 케이옥션 프리미엄온라인 경매, 서울
- 2022 예술나루 레지던시 입주, 인천서구문화재단, 인천
- 2020 예술의전당 '청년미술상점' 12월 4부, 서울

아트테크 큐레이션

핫한 그들은 어떤 작가를 주목할까?

유명 연예인들의 소셜 미디어에 여러 번 등장한 작품이 있다. 이미 다른 글에서 소개했던 미국의 현대미술가 '카우스(KAWS)'의 아트 토이다. 위너의 송민호, 박서준, 정해인, 강다니엘 등의 인스타그램과 BTS 멤버 RM의 작업실 사진에도 등장했다. 해골 같은 얼굴에 코끼리의 귀, 미키 마우스의 몸이 들어간 컴패니언은 그가 만든 대표 캐릭터다. 여러 유명인이 셀카의 배경으로 카우스의 아트 토이를 등장시켜서 일상 속 예술을 드러냈다. 이와 같이 소셜 미디어에서 오늘날 주목할 만한 현대미술가를 만날 수 있다.

이 글은 우리가 꼭 알아야 할 미술가와 이어진다. BTS의 RM과 빅뱅의 GD는 스스로의 취향과 안목을 드러내며 MZ세대에 미술 바람을 불러일으켰다. 핫한 그들이 관심을 가지는 현대미술가들을 살펴보자. 물론 소개할 작가는 그들이 드러낸 취향의 극히 일부다.

'RM 로드'라는 말이 있다. 그가 방문한 미술관이나 갤러리를 따라다니는 것을 두고 만들어졌다. 그는 소셜 미디어를 통해 자신이 좋아하는 작품과 집에 걸린 소장품을

카우스는 국내에도 많은 팬을 보유한 작가다. 아트 토이 등을 작업하는데, 그의 작품은 리셀로도 높은 가격에 거래된다.

공개하며 큰 호응을 받았다. 그가 직접 구매한 작품의 작가는 미술시장에서 주목을 받을 정도다. 그는 2018년 투어 중 시카고의 아트인스티튜트를 방문한 것을 계기로 미술에 관심을 가지게 된다. 그곳에서 모네와 세루아의 그림을 보고 반했는데 거의 스탕달증후군 같았다고 이야기한다. 그는 국내 미술가를 중심으로 컬렉팅한다고 밝혔다.

RM은 인터뷰에서 윤형근 화백의 팬이라고 밝혔다. 윤형근 화백은 이미 국내외에 많은 팬을 거느린 작가이자 김환기 화백의 사위다. 파란색과 암갈색을 혼합한 청다색을 내려 그어서 묵직한 힘이 담긴 기둥을 만들고, 기둥 사이에 생긴 문을 두고 천지문(天地門)이라고 이름 붙였다. 그가 화폭에 담은 묵빛 사이에 있는 천지문을 바라보면 절로 숙연해진다. 한순간에 주위를 고요하게 만드는 작품의 힘은 그의 삶과 시대를 대변한다. 한국전쟁과 유신정권 등 시대적 상황이 그를 침묵의 화가로 만들었다. RM은 초반에는 윤형근의 1970년대 작품을 선호했는데, 이제는 그와 그의 세계에 빠졌다고 밝혔다. 더 이상 객관적일 수 없는 열혈 팬이라는 이야기를 할 정도다.

한국 모더니즘의 개척자이자 추상미술의 거장 유영국 화백도 RM이 찾은 작가다. 산을 모티프로 밝고 강렬한 색감을 화폭에 담았다. 오래전부터 그가 표현한 예술 세계는 미술계의 지지를 받았다. 유영국 화백은 이건희 컬렉션에서도 가장 많은 작품 수를 기록한 작가다. RM은 유영국 화백의 전시에 방문해 작품을 촬영한 사진을 자신의 인스타그램에 소개했으며, 2022년 국제갤러리에서 열린 유영국 화백의 20주기 기념전은 이른 아침부터 많은 이들이 찾을 정도로 성황을 이루었다.
이 밖에도 김환기, 이대원, 이배 등 다양한 한국 작가의 컬렉션과 해외 작가의 작품을 그의 인스타그램 계정에서 만날 수 있다.

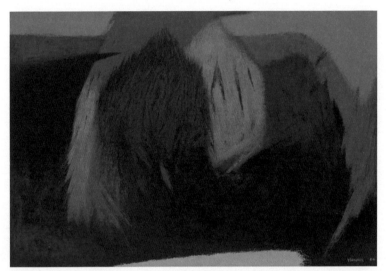

유영국, 〈작품〉, 캔버스에 유채, 130×195cm, 1964, 유영국미술문화재단 제공, Photo by Chunho An

RM이 다녀간 국내 미술관 & 갤러리 추천 코스

- **국립현대미술관, 국제갤러리, PKM갤러리**: 서울 종로의 미술관과 갤러리는 RM의 인스타그램에서 종종 볼 수 있다. 이 세 곳 말고도 종로의 다양한 갤러리들이 궁금하다면 223쪽(데이트 편)을 참고해서 나만의 코스를 만들어보자.

- **리움미술관, 알부스갤러리, 타데우스로팍 서울**: 용산에 위치한 리움미술관과 알부스갤러리, 타데우스로팍 서울도 RM이 방문한 곳이다. 세 곳이 모두 밀집해 있으니 전시 일정에 맞춰서 방문하자.

- **대구미술관, 경주 솔거미술관, 부산시립미술관**: 실제 RM도 경주 솔거미술관 방문 다음 날 부산시립미술관을 찾았다. 경상도 코스를 고려하고 있다면 이 세 미술관을 찾아가자.

GD는 일찌감치 미술 컬렉터로 많은 MZ세대에게 소개됐다. 그는 소셜 미디어로 팬들에게 꾸준하게 일상을 공개하는데, 그의 일상에 미술 작품과 전시가 종종 등장했다. 2019년에는 미술 잡지 〈아트뉴스〉가 선정한 '지켜봐야 할 컬렉터 50인'에 들었다.

그의 컬렉션은 미술관급으로 유명하다. 키네틱 아트의 선구자이자 모빌의 창시자인 알렉산더 칼더는 그의 소셜 미디어에 종종 등장한다. 알렉산더 칼더의 작품 세계는 추상회화의 선구자인 '몬드리안의 작품을 움직이게 하고 싶다'는 생각에서 본격적으로 시작한다. 현재까지 여러 예술가에게 영향을 끼치며, 해외 유명 미술관에서 그의 작품을 소장하고 있다. GD는 칼더의 작품이 전시 중인 페이스갤러리에 방문하거나, 자신의 집에 걸려 있는 그의 작품을 소셜 미디어로 드러냈다.

조지 콘도는 GD가 사랑한 작가로 알려져 있다. 여전히 GD의 소셜 미디어에 조지 콘도의 작품이 등장한다. 콘도는 인간 내면의 불안과 덧없음을 뒤틀리고 왜곡된 인물화로 표현한다. 콘도는 피카소의 영향을 받았으며, 앤디 워홀의 팩토리에서 조수로 일한 경험이 있다. 이를 바탕으로 독보적인 화풍을 선보였고, 2019년 베네치아비엔날레에서 관람객의 시선을 사로잡았다. 그의 작품은 여러 자산가의 컬렉션에 포함되어 있으며, 미술시장에서 높은 가격에 거래되고 있다.

이 밖에도 GD는 프랜시스 베이컨, 아니쉬 카푸어, 조나스 우드, 데이비드 호크니, 앤서니 리안다 등 세계적인 거장의 작품을 컬렉팅해 미술관의 기획전보다 놀라운 컬렉션으로 화제를 모았다. 트렌드를 움직이는 유명 작가가 궁금하다면 그의 소셜 미디어를 주목하자.

책을 읽다 보면 누군가에게는 익숙한 작가가 다른 누군가에게는 새롭고 어렵게 느껴질 것이다. 처음 듣는 이름이 한두 명이 아니라면 더 그러하다. 그렇다고 낙담하지 말자. 이 책을 덮을 때쯤 마음에 드는 작가를 한 명만 발견해도 충분하다. 거기서부터

조지 콘도, 〈Improvised Smoker〉, 2007 ⓒ ARS, New York-SACK, Seoul, 2022

시작이다. 그 뒤 차츰 영역을 넓혀나가면 어느새 새로운 작가들을 접하는 즐거움을 느낄 수 있다. 어느 작가부터 시작해야 할지 모르겠다면 두 아티스트가 주목하는 작가를 눈여겨보자. 나의 취향과 가까운 아티스트는 누구인가?

3장

이제 실전이다!
본격 미술품 거래

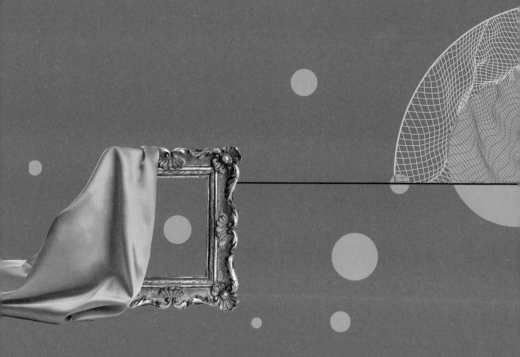

Art
Tech
Curation

안목을 키우며 구매한다
갤러리

미술에 낯선 이가 처음부터 갤러리의 문턱을 쉽게 넘기란 만만치 않다. 미술품이 걸려 있는 특유의 낯설면서 신비한 분위기는 발걸음을 망설이게 한다. 그러나 좋은 작품을 구매하고 싶다면 갤러리는 반드시 알아야 하는 곳이다. 갤러리의 특징과 구매 방법을 살펴보자.

작가의 신작은 어디에서 거래될까? 대표적으로 갤러리다. 일반적으로 미술관은 전시 티켓으로, 갤러리는 작품 판매로 수익을 내는 구조다. 갤러리는 작가를 발굴하고 마케팅하며 지원하는 역할을 한다. 누구나 공간을 대관해서 전시를 개최할 수 있는 대관형 갤러리도 있지만, 직접 작가를 선정하고 전시를 개최하는 갤러리가 다수다. 갤러리에서 일하는 이들을 갤러리스트, 아트 딜러라고 부른다. 갤러리의 규모에 따라 전시 기획, 작품 판매의 역할이 통합되거나 분업화된다.

가고시안갤러리의 래리 가고시안은 장 미셸 바스키아를 키우고 데미언 허스트를 알아봤으며, 카스텔리갤러리의 레오 카스텔리는 재스퍼 존스를 발굴하고 프랜시스 베이컨을 미국에 처음으로 소개했다. 그들이 없었다면 오늘날 현대 미술시장의 판도가 바뀌었을 것이다. 여담으로 레오 카스텔리는 훗날 자신이 저지른 가장 큰 실수를 프랜시스 베이컨의 그림을 모두 판 것이라고 얘기했다. 1959년에 그의 작품은 900~1,300달러였는데, 1964년에 그려진 〈루치안 프로이트 초상 연구〉는 2022년 6월 런던 소더비즈 경매에서 4,333만 파운드(약 683억 원)에 낙찰되었다.

미술시장은 서로 간의 관계를 매우 중요시한다. 미술시장을 두고 문턱이 높다고 하는 이유는 갤러리에 들어가기 전에 느껴지는 위압감이 전부가 아니다. 갤러리는 이중적인 분위기가 감돈다. 지극히 상업적이지만 동시에 상업적이지 않고, 그림을 구매한다고 하면 누구나 대접을 받을 것 같지만 동시에 아무에게나 팔지 않으려는 묘한 신경전이 감돈다. 1차 시장은 2차 시장과 비교해 금액대가 안정적이고, 이미 유명한 작가들도 더 착한 가격으로 만날 수 있는 장점이 있다. 이에 가치를 아는 이에게 우선적으로 작품을 판매하려는 경향이 있다. 컬렉터 한 명이 귀중하지만, 한 점뿐인 작품을 여러 사람이 동시에 원하면 선택권은 갤러리가 넘겨받는 것이다.

그러나 "열 길 물속은 알아도 한 길 사람의 속은 모른다"는 말이 있듯이, 갤러리에서는 누가 작품을 아낄 사람인지 표면적으로 알아보기 어렵다. 추천을 받거나, 이전에 구매한 경험이 있거나, 꾸준하게 구매하고 싶다는 의사표시를 한 사람에게 작품을 판매할 확률이 높다. 1차 시장과 2차 시장의 가격 차이가 클수록 이러한 현상은 짙어진다. "이 작품을 제발 사주세요"가 아닌, "이 작품을 제발 나에게 팔아주세요"가 되기 때문이다. 컬렉터 입장에서는 자신의 마음을 알아보지 못하는 갤러리에 자존심도 상하고 마음이 떠날 수도 있지만, 작품 한 점 판매가 급한 것이 아니라 작가와 함께 성장하려는 갤러리의 입장에서는 어쩔 수 없는 일이기도 하다. 판매한 작품이 당장 2차 시장에 등장했는데 운 나쁘게 낮은 가격에 판매되거나, 유찰되거나, 수급 조절을 잘못해서 물량이 쏟아져 나온다면 작가의 시장이 무너질 수 있기 때문이다.

까다롭게 판매를 하는 갤러리와 나의 관계가 어떠냐에 따라 갤러리의 이미지가 달라지겠지만, 이를 무조건 나쁘다고만 할 수는 없다. 갤러리는 유통하는 작품에 책임을 가질 수밖에 없는 입장이다. 아트테크로 시장의 규모가 커지면서 리셀 록(resell lock: 일정 기간 작품을 팔지 못하게 하는 조항)을 제한해두는 갤러리도 많아졌으니 작품 구매 전에 반드시 확인하자. 물론 모든 갤러리에 통용되는 이야기는 아니다.

아트테크 큐레이션

대관전으로 전시를 진행하거나 작가를 전속으로 두지 않고 직접 작품을 구해서 판매하는 갤러리는 리셀 록 조항이 없고 누구나 쉽게 작품을 구매할 수 있다. 또한 선착순 방문이나 추첨을 통해 작품을 판매하는 갤러리도 있다.

갤러리에 방문하거나 작품을 구매하는 방법도 알아보자. 방문은 작품 전시 중이라면 갤러리의 영업시간 아무 때나 가능하다. 경우에 따라 온라인 예약을 받는 곳도 있지만 일부에 한하며, 관람료는 무료다. 전시 중인 작품이 아직 판매되지 않았다면 현장에서 작품을 구매할 수 있다. 대체로 사전에 거래 기록이 있는 고객들에게 우선적으로 리스트를 전달해 선판매를 시도한다. 전시 오픈 전에 이미 완판되었다는 소식이 들리는 이유다. 만약 유심히 보고 있는 작가가 어느 갤러리에서 전시 예정이라면, 작가의 작품을 위탁받은 갤러리에 미리 연락해서 작품 리스트를 요청하자. 리스트에는 구매 가능한 작품의 정보와 작품가가 기재되어 있다. 갤러리에 방문, 전화, 메일, SNS 등으로 요청할 수 있다.

좋아하는 작가가 전속된 갤러리라면 사전에 다음 전시를 문의해도 된다. 그럼에도 세상에 한 점뿐인 작품을 구매하기 위해 긴 대기가 필요할 수 있다. 이전 구매 기록이 없는 컬렉터라면 우선순위에서 밀리기도 한다. "갤러리에서 크레디트를 쌓아야 한다"고 이야기하는

데, 구매 이력을 쌓아서 좋은 작품이 있을 때 우선적으로 받을 확률을 높이는 것이다. 다만 전체 컬렉터의 구매 이력을 공개하지 않아서 나의 순서를 미리 짐작하기 어렵다. 또한 구매 이력이 있어도 확실하게 다음 구매를 보장하는 것은 아니기 때문에 좋아하지 않는 작품을 무리하게 구매하는 일은 반드시 피하자.

이전 구매 이력이 없다면 갤러리에 자신을 적극적으로 어필할 필요가 있다. 대부분의 갤러리는 구매 후 빠르게 리세일을 할 컬렉터를 원치 않는다. 작품을 소중히 아껴줄 컬렉터라는 점을 어필하기 위해 구매 목적과 향후 추가 구매 의향이 있다는 것을 언급해도 좋다. 컬렉터 중에는 자신의 컬렉션 리스트나 자기소개서를 준비하는 경우도 있다. 패키지로 구매하는 방법도 있다. 주연배우가 캐스팅될 때 같은 소속사의 신인 배우를 끼워서 들어가는 것처럼 갤러리에서 작품을 묶어서 구매하는 방법이다. 이때 해당 작품은 구매를 희망하는 작품보다 인기가 덜한 작가의 작품일 확률이 높으니 꼼꼼하게 살펴봐야 한다.

갤러리의 수수료는 주로 작품가에 포함되어 있다. 구매자가 작품가 외에 별도로 지불하는 것이 아닌, 판매된 작품가에서 작가와 나눈다. 그 비율은 5 대 5가 다수다. 또한 갤러리는 판매한 작품을 재구매하지 않는다. 갤러리의 성격에 따라, 또는 고객 서비스 차원으로 작품 거래를 도와주는 곳은 일부다.

우리나라의 주요 갤러리는 서울과 경상도에 위치해 있다. 서울은 주로 종로(인사동, 삼청동, 평창동), 한남동, 청담동으로 나뉜다. 종로 인사동에는 역사를 간직한 동산방화랑, 노화랑이 있고, 삼청동에서는 갤러리현대, 국제갤러리, 아라리오, 학고재가 있다. 평창동은 가나아트가 대표적이다. 한남동과 청담동에는 국내에 분점을 낸 해외 유명 갤러리가 있다. 타데우스로팍, 탕컨템포러리, 페로탕, 리만머핀 등이다. 리만머핀은 서도호와 이불 작가의 전속 화랑으로도 국내에서 매우 유명하다. 경상도에는 조현화랑, 맥화랑, 리안갤러리 등이 있으며, 국내 갤러리는 900여 개로 추정된다.

주요 갤러리

- 국내: 가나아트, 국제갤러리, 갤러리현대, 리안갤러리, 아라리오, 조현화랑, 학고재, PKM갤러리

- 해외: 가고시안갤러리, 글래드스톤갤러리, 노이에갤러리, 더페이스갤러리, 데이비드즈위너, 리만머핀, 리슨갤러리, 마시모데카를로, 빅토리아미로, 사이먼리, 새디콜스, 악셀베르보르트, 에스터쉬퍼갤러리, 카스텔리갤러리, 타데우스로팍, 탕컨템포러리아트, 페로탕, 하우저앤워스, 화이트큐브, 혼치오브베니슨

실력을 업그레이드하고 싶다면?

갤러리가 전시를 준비하는 방법

갤러리는 전시를 준비할 때 전시의 기획 방향과 작가를 선정하고, 일정·기간·예산을 파악해 작품을 준비한다. 예산에는 홍보비(현수막, 인쇄물, 보도 자료, 사진 촬영 비용 등), 운송료, 설치비, 인건비가 포함된다. 작품 리스트가 준비되면 이에 맞게 공간을 디자인하고, 홍보물과 인쇄물을 제작한다. 또한 매체 인터뷰와 기자회견을 진행하며 SNS를 통해 홍보 자료를 제작 및 배포한다. 그 밖에 보험 가입이나 도슨트 교육이 필요한 경우 별도로 준비한다.

아트테크 큐레이션

힙한 감성을 위해 빠질 수 없지!
아트 페어

아트 페어란 갤러리들이 모인 박람회다. 유명 아트 페어 기간에는 그 주변에서 여러 미술 행사가 개최되는데, 미술계 관계자들과 미술 애호가들을 한 공간으로 부르는 중요한 역할을 한다. 이를 두고 아트 페어를 '축제의 장'이라고도 이야기한다. 2021년 기준으로 국내 아트 페어는 70여 개가 개최되었다. 미술시장의 인기가 커짐에 따라 기존 50여 개에서 70여 개로 늘었다. 전 세계에서 수백 개의 아트 페어가 개최된다고 가정한다면 지금도 지구 어딘가에서는 1개 이상의 아트 페어가 진행된다고 추측할 수 있다.

아트 페어는 일반적으로 그 성격에 맞는 갤러리가 부스 비용을 지불하고 참가한다. 이들은 아트 페어가 열리는 짧은 기간 안에 작품을 판매해야 하므로, 각 갤러리에서 시장성을 인정한 작가의 작품이 한

자리에 모이게 된다.

아트 페어가 미술시장에 자리 잡은 것은 2000년대 이후다. 1913년에 뉴욕에서 개최된 '아모리쇼'를 아트 페어의 시초로 본다. 국내에서는 1979년에 열린 화랑미술제가 공식적인 첫 아트 페어다. 아트 페어는 규모와 대상에 따라 전국, 또는 전 세계적으로 명망 있는 갤러리가 한자리에 모인다. 갤러리는 아트 페어의 성격에 따라 일정 조건을 만족해야 참가 자격을 얻는다. 여기에 높은 부스 비용은 별도다. 아트 페어를 통해 갤러리와 전속 작가 홍보 및 작품 판매를 하고, 쉽게 만나기 어려운 다른 갤러리와 정보를 교류할 수 있어서 유명한 아트 페어일수록 참여도가 높다.

기억하면 좋은 유명 아트 페어는 무엇일까? 세계적으로 유명한 아트 페어는 스위스의 '아트 바젤', 프랑스의 '피악(FIAC)', 미국의 '아모리쇼'와 '시카고', 그리고 영국의 '프리즈'다. 국내 유명 아트 페어로는 화랑미술제, 키아프, 부산국제아트페어, 대구아트페어, 아트부산, 아트광주가 있다. 2022년 9월 코엑스에서 프리즈와 키아프가 공동 개최되었는데, 이는 대규모 해외 아트 페어가 국내에 처음으로 진입한 사례다. 아니쉬 카푸어가 예언한 대로 미술시장이 아시아로 방향을 틀고 있는 것일까? 프리즈의 국내 개최는 시사하는 바가 크다. 해외 미술시장이 아시아 중에 한국 미술시장을 인정했다고 볼 수 있다.

아트테크 큐레이션

유명 아트 페어가 개최되면 주변 갤러리에서는 다양한 팝업 전시가 열린다. 미술 애호가들의 발길을 부르는 것이다. 프리즈 서울 기간에는 해외 유명 옥션인 크리스티, 필립스에서 팝업 전시를 열어 국내 미술 애호가들의 열기를 뜨겁게 달아오르게 했다. 이와 같은 아트 페어를 통해 미술시장이 어느 곳에 주목하는지 엿볼 수 있다.

아트 페어는 컬렉터의 입장에서 장단점이 뚜렷한 자리다. 장점은 전국 주요 갤러리의 작품을 한자리에서 비교할 수 있다는 것이다. 시장의 흐름과 현황을 눈으로 확인할 수 있다. 단점은 작품을 단체로 판매하는 특성상 미술품을 감상하기에 적합하지 않다. 교류의 장인 축제의 성격을 띠지만 실제로는 물건을 파는 박람회의 모습과 비슷하다. 수많은 작품이 출품되다 보니 갤러리처럼 모든 작품의 특성을 고려해 조명과 동선, 분위기를 준비하기 어렵다. 그래서 당장 작품을 구매하는 것이 목적이 아니라면, 마음에 드는 작가와 갤러리를 발굴하는 데 목표를 두어도 된다. 해당 갤러리 관계자와 연락처를 교환하거나, 갤러리 담당자의 명함과 팸플릿을 챙기고, 소속 작가의 다음 전시에 직접 방문하는 쪽을 추천한다.

아트 페어에서 판매되는 작품의 금액대는 천차만별이다. 갤러리의 성격에 따라 작은 소품을 곳곳에 선보이며 부담 없는 가격을 제안하거나, 대형 작품을 몇 점만 전시하기도 한다. 최근에는 미술시장에

MZ세대가 진입하면서 비교적 부담이 덜한 가격의 작품 판매가 늘어났다. 또한 아트 페어는 여러 미술 관계자와 컬렉터가 방문하는 자리이다 보니 신진 작가 발굴에도 신경을 쓴다. 신진 작가를 위한 부스를 따로 만들거나, 차세대 작가를 직접 선별해 특별전 형태로 전시를 진행한다. 오롯이 신진 작가를 위한 아트 페어인 아시아프와 작가명을 공개하지 않고 작품가를 10만 원으로 통일해 판매하는 을지아트 페어도 있다.

아트 페어에 참여하는 갤러리와 출품작은 어떻게 알 수 있을까? 갤러리는 아트 페어 사이트에서 확인할 수 있지만, 출품작 전부를 알기는 힘들다. 작품 구매를 희망하면 참여하는 갤러리에 별도로 연락해서 작품 리스트를 받아야 한다. 다만 아트 페어는 갤러리에서 진행하는 행사이므로 내가 작품을 구매하고 싶다고 해서 아무 때나, 누구나 작품을 구매할 수 있는 건 아니다. 아트 페어의 작품 판매 속도는 시장이 활성화되면서 매우 빨라졌다. 첫날 완판된 갤러리가 곳곳에 보일 정도다. 그렇다고 시작부터 모든 갤러리가 레드닷(빨간 스티커가 붙어 있다면 이미 판매된 작품이고, 블루닷, 즉 파란 스티커가 붙어 있다면 예약 중이라는 의미다)을 붙이는 건 아니기 때문에, 사전에 갤러리와 참여 작가를 확인해서 그 갤러리로 바로 가면 좋다.

작품을 보지 않고서라도 반드시 사야겠다면 갤러리에 연락해서 선주문을 요청하는 것도 방법이다. 다만 작품을 한 점도 구매한 적이 없다면, 잘 모르는 작품에 처음부터 남들 따라 시작하지는 말자. 실제로 작품을 마주하고 갤러리스트와 이야기를 나누며 긴 호흡으로 구매하길 추천한다. 또한 아트 페어는 첫날과 둘째 날의 작품이 다를 수 있다. 둘째 날인 일반 공개 때 조금 더 쉽게 구매할 수 있고, 인지도가 높은 작가로 작품이 교체되는 경우가 많기 때문이다.

이제 막 미술시장을 알아가는 초보 컬렉터라면 처음부터 욕심내지 말고 마지막 날에 방문하자. 인기 높은 작가의 판매된 일부 작품이 중간에 교체되지만, 판매된 작품들의 스타일과 마무리될 무렵의 분위기를 보는 것도 좋은 공부가 되기 때문이다. 마음에 드는 갤러리와 작품을 만난다면 용기 내어 담당 갤러리와 친분을 만드는 것을 목표로 해도 큰 성과다.

Kiaf SEOUL　　KOR ≡

Kiaf SEOUL

Ticket Schedule

Date	Preview (Max. 4 days of entry)	General Admission (1 day of entry)
Sep. 3 (Sat)	11:00 – 19:30	13:00 – 19:30
Sep. 4 (Sun)	11:00 – 19:30	13:00 – 19:30
Sep. 5 (Mon)	11:00 – 19:30	11:00 – 19:30
Sep. 6 (Tue)	11:00 – 17:00	11:00 – 17:00
	* Available for re-entry between 3 – 6 September.	* Available for re-entry only on the same day of the entry

Price

Ticket Types	Early Bird Price (KRW)	Full Price (KRW)
Preview	160,000	200,000
General Admission	55,000	70,000
General Admission (Only access on Sep 6)	32,000	40,000

출처: 키아프 서울 공식 홈페이지

아트 페어는 온라인 또는 현장 예매로 1만~3만 원의 입장료를 내면 누구나 입장할 수 있다. 유명 아트 페어거나 규모가 클수록 티켓이 비싼 편인데, 2022년 프리즈와 키아프의 통합 티켓값은 7만 원이었다. 이마저도 작품을 볼 수 있는 시간에 따라 티켓값에 차등을 두었다.

아트 페어 참여 방법

1. 참여하는 갤러리에 사전에 연락해 작품 리스트를 받거나 현장에서 담당자에게 작품 구매 의사를 밝힌다.
2. 작품 구매 가능 시 현장에서 계약서를 작성한다.
3. 아트 페어 후 작품을 수령한다.

아트 페어 작품 구매 시 확인 사항

작가 서명, 액자 여부, 보증서(진품 확인서), 작품 수령과 운송 방법

▶ 주요 아트 페어 월별 정리

1월	• 아트스테이지 싱가포르(싱가포르 마리나베이) • 엘에이 아트쇼(미국 LA)
2월	• 아르코(스페인 마드리드)
3월	• 화랑미술제(서울): 국내에서 가장 오래된 아트 페어로 매년 상반기에 개최된다. • 아모리쇼(미국 뉴욕) • 아트 바젤(홍콩) • 아트페어 도쿄(일본 도쿄) • 테파프 마스트리흐트(네덜란드 마스트리흐트)
4월	• 부산 국제 화랑아트페어(부산) • 시카고 아트페어(미국 시카고): 미국에서 매년 4월에 열리는 국제 아트 페어로, 미국 작가들 위주로 홍보하는 것이 특징이다.
5월	• 조형아트 서울(서울) • 아트 부산(부산) • 테파프 뉴욕(미국 뉴욕)
6월	• 울산 국제아트페어(울산) • 아트 바젤(스위스 바젤): 가장 오래된 아트 페어로, 1970년 바젤의 갤러리가 의기투합해 설립했다. 첫 회에 10개국 90여 개 갤러리와 30여 개 출판사가 참여하고, 1만 6,000명의 관람객이 방문해 큰 성공을 거뒀다.
8월	• 아트 제주(제주)
9월	• 키아프(한국 국제아트페어) • 프리즈(서울): 한국 국제 아트 페어로, 국내 주요 갤러리가 참여하며 규모가 가장 크다. 2022년부터 5년간 프리즈와 동시 개최한다.
10월	• 마니프 서울 국제아트페어(서울) • 프리즈(영국 런던): 2003년 동명의 미술 잡지를 창간한 어맨다 샤프와 매슈 슬로토버가 영국 런던에서 설립했다. 젊은 현대미술가들이 많이 참여한다. • 피악(프랑스 파리): 대중적이고 축제성을 강조하는 아트 페어로, 세계 3대 아트 페어로 손꼽힌다.
11월	• 대구 아트페어(대구) • 상하이 아트페어(중국 상하이) • 퀼른 아트페어(독일 퀼른) • 프리즈(뉴욕)
12월	• 아트 바젤(마이애미비치)

미드에서 본 것처럼 구매해보자
경매

글로벌 경매회사의 양대 산맥인 소더비즈와 크리스티는 각각 1744년, 1766년에 설립됐다. 경매는 2000년대에 들어서면서 높은 관심을 받았으며, 뉴욕과 런던, 홍콩에서 경매를 진행한다. 국내 대표 경매회사인 서울옥션은 1998년, 케이옥션은 2005년에 설립됐다. 이 두 곳에서 다른 회사들과 비교해 굵직한 작가들의 주요 작품이 등장하며, 두 회사 모두 상장했다. 옥션은 갤러리와 떼려야 뗄 수 없는 관계에 있다. 해외는 옥션에서 시작해서 갤러리를 인수했고, 국내 옥션은 갤러리에서 시작했다. 서울옥션은 가나아트, 케이옥션은 갤러리현대다.

미술품 경매는 이미 미술시장에 깊숙하게 자리 잡았다. 유명 작가의 작품은 오랜 시간 대기가 필요하고, 이마저도 갤러리와의 관계가

케이옥션 경매 현장 ⓒ 한국경제 DB

필요하지만 경매는 자본만 있으면 누구에게나 똑같은 기회가 제공된다. 《은밀한 갤러리》의 저자 도널드 톰슨은 경매회사가 존재하는 이유를 "전통적인 가격 결정 방법으로는 현대미술 작품같이 희소성이 큰 상품의 가격을 정할 수 없기 때문"이라고 서술했다. 그러면서 경매회사의 장점은 "갤러리의 연줄 없이 인기 작가의 작품을 구매할 수 있는 기회를 제공받는 것"이라고 했다. 여기에 더해서, 경매는 여러 유명 작가의 작품을 한곳에서 만날 수 있고, 쉽게 보기 어려운 작가(해외 작가 또는 이미 작고한 작가)의 작품도 구매할 수 있다는 것이 특징이다.

다만 경매는 단점도 뚜렷하다. 높은 수수료와 스스로 마인드 컨트롤을 해야 한다는 점이다. 경매의 수수료는 국내 메이저 옥션 기준으로 낙찰가의 약 15~20퍼센트(해외는 약 25~30퍼센트, 배송비와 보험비는 별도)다. 낙찰가는 그 작품을 간절히 원하는 컬렉터가 2명만 있어도 끊임없이 올라간다. 따라서 수수료를 포함한 상한선을 잘 선정해야 한다. 금액 상관없이 마음에 드는 작품이라면 문제 되지 않지만, 분위기에 휩쓸려서 높은 가격에 그림을 구매하면 나중에 후회해도 돌이킬 수가 없기 때문이다. 작품에 추정가가 기재되어 있지만, 현장의 분위기에 따라 낙찰가가 정해지기 때문에 한순간에 예산을 뛰어넘을 수 있다.

경매는 작가에게도 영향을 끼친다. 최근에는 경매에서 작가와 직거래하는 현상이 늘었다. 시장 진출이 어려운 신진 작가도 기회를 제공받아 작품을 판매할 수 있다. 서울옥션의 제로베이스, 케이옥션의 프리미엄온라인 아트파트가 그 예다. 경매는 작가의 의지와 무관하게 진행되므로 작가는 경매를 통해 시장의 냉정한 평가를 받을 수 있다. 높은 경매 낙찰가를 통해 컬렉터들 사이에서 입소문이 나는 경우가 있으나, 유망한 작가라도 경매장에 작가의 작품을 알아보는 참여자가 없다면 유찰될 수 있다.

경매 결과에 따라 작가의 작품가가 타격을 입기도 한다. 예를 들어

아트테크 큐레이션

갤러리에서 1,000만 원에 구매한 작품이 경매에서 500만 원에 거래된다면 더 이상 갤러리에서 그 작가의 작품을 구매하려는 이가 없을 것이다. 그래서 경매가를 시장가로 평가하지만, 동시에 작품가라고 말하기는 어렵다. 경매 당시의 유행과 시장의 흐름, 그리고 경매 참여자에 따라서 가격이 달라지기도 한다. 낙찰 기록은 오랫동안 남기 때문에 높은 낙찰가는 작가에 대한 미술시장의 수요를 보여준다.

다만 처음으로 경매에 데뷔한 작가의 작품 응찰 수가 작품성과 무관하게 매우 높은 경우에는 한 번은 의심해보자. 그간 작가의 작품을 기다려온 팬들이 몰려오는 경우 응찰 수가 높아지지만, 참여자의 신상이 드러나지 않기 때문에 높은 작품가를 기대하는 관계자가 응찰할 수도 있다. 이렇듯 경매는 열띤 경쟁을 벌이며 응찰자들의 경쟁 심리를 자극한다. 낙찰에 실패하면 마치 내 것인데 빼앗겼다는 상실감이 따라와서 그다음엔 더 치열하게 응찰하는 사례도 있다. 이를 방지하고 싶다면 사전에 이전 경매 기록을 검색해서 예산을 설정하자.

또한 표면적으로 보이는 금액에 혹하지 말자. 그리고 경매 방법과 낙찰가에 따라 카드 결제가 어려울 수도 있으니 결제 방법도 미리 확인해야 한다. 낙찰 후에 구매를 취소하면 높은 위약금이 발생한다. 구매를 희망한다면 반드시 '프리뷰(경매를 시작하기 전에 경매 출품작을 일정 기간 무료로 공개하는 자리)'에 참석해서 작품의 실물을 확인하자. 작품의 컨디션과 액자 여부, 손상된 부분을 미리 확인해서 추후 추가로 들어갈 수 있는 비용까지 고려해야 한다. 만약 거리나 시간상의 조건으로 실물 확인이 어렵다면 옥션에 연락해서 작품에 대해 검토할 수 있는 컨디션 리포트를 요청하자.

경매가를 시장가로 이야기하는 것은 어느 정도의 흐름을 볼 수 있는 지표가 되기 때문이다. 훗날 작품가가 더 낮은 가격에 낙찰되었다면, 이는 가격이 떨어졌다기보다 시장의 흐름을 빗대어 볼 수 있다. 경매 일자까지 일정 기간 고민할 시간이 주어진다. 충분하게 생각하고 고민하자. 경매에 참여하려면 스스로의 취향에 대한 확신과 시장에 대한 이해가 필요하다. 컬렉팅할 때 부족했던 것은 경매를 통해 채워지기도 한다. 경매에서 자신이 구매한 작품과 같은 작가, 또는 비슷한 도상이 높은 금액에 낙찰되는 것을 보면 확인받으려는 심리로 안심하기 때문이다. 분위기에 휩싸일 때는 작품을 구매하지 않을 용기도 필요하다. 그래도 정말 후회 없을 자신이 든다면 결단을 내리는 과감함이 필요하다.

경매는 주로 오프라인과 온라인으로 나눈다. 갤러리나 아트 페어가 온라인과 오프라인을 하나의 행사로 진행하는 것에 반해, 경매는 온라인과 오프라인 경매의 출품작이 다르다. 상대적으로 온라인이 가격대가 더 낮으며, 추정가를 공개하기 어려운 기대 작품은 오프라인에 출품되는 편이다. 현장성에서도 차이가 있다. 온라인은 정해진 기간 응찰이 가능하지만, 오프라인은 서면으로 제출하는 경우를 제외하고는 당일에만 가능하다. 온라인 경매의 진짜 매력은 경매 마감 5분 전에 있다. 마감 시간이 되면 전체 작품이 동시에 마감되는 것이 아닌, 앞 번호의 출품작부터 순차적으로 마감된다. 모든 작품 밑에는 마감 시간이 기재되어 있고 이를 초 단위로 보여주는데, 경매 마지막을 앞두고 비딩이 들어오면 자동으로 시간이 조금 연장된다. 처음부터 너무 치열한 경쟁을 두고 시작하기보다는 마음에 드는 작품 리스트를 미리 링크별로 정리한 다음 예상 가격을 설정해서 마지막 마무리 시간에 비딩하는 것도 팁이다. 예약 응찰을 넣었다면 경매가 마감되기 일정 시간까지만 적용되니 한 번 더 확인하자.

국내 옥션의 소식을 듣고 싶다면 경매회사에 방문, 또는 옥션의 홈페이지를 통해 정회원으로 가입하고 도록을 받는 방법도 있다. 연회비로 10만~20만 원이 발생한다. 도록은 매 경매가 아닌 1~2개월에 한 번 열리는 메이저 경매를 위주로 제작된다. 유명 작가 소개와 당시의 메이저 경매에 출품 예정인 모든 작품의 사진, 추정가 등이 기재돼 있으니 경매 도록만 잘 살펴봐도 현재 시장의 흐름과 현황을 한눈에 알 수 있다. 또한 인스타그램이나 카카오톡 친구 추가를 하면 작품과 경매에 대한 소식을 쉽게 받아 볼 수 있다.

미술 경매에 출품된 작품을 보려면 옥션에 방문하자. 여기서 방문 장소란 사무실이 아닌, 출품작을 한눈에 볼 수 있는 '프리뷰'다. 100만 원 단위부터 1억 원을 호가하는 작품까지 한눈에 볼 수 있다. 프리뷰에 출품된 작품의 캡션에는 추정가가 기재된다. 추정가를 통해 작품의 시장가를 유추하는 재미도 있다. 경매 시작가는 작품이 유통되는 2차 시장의 가격보다 높지 않게 한다. 너무 높은 금액이면 부담감에 참여가 낮을 수 있기 때문이다. 프리뷰에서 모든 경매 출품작을 공개하는 이유는, 경매에서 작품을 낙찰받은 뒤에는 취소가 어렵기 때문이다. 뒤늦게 작품의 컨디션이 좋지 않은 것을 확인해도 변심으로 인한 취소는 높은 위약금을 지불해야 한다. 이미 프리뷰 기간에 작품의 상태를 모두 공개했기 때문이다. 따라서 실제로 경매에 참여할 응찰자들은 프리뷰에서 작품의 컨디션을 미리 꼭 확인해야 한다.

서울옥션 경매 약관

낙찰자는 낙찰을 철회할 수 없습니다. 부득이 철회를 하는 경우에는 낙찰일로부터 7일 이내에 서면으로 철회 의사를 통보하고, 위약별로 낙찰가의 30퍼센트에 해당하는 금액을 낙찰일로부터 7일 이내에 납부하여야 합니다.

아트테크 큐레이션

경매 출품작 중에 주요 작품은 경매 중에도 작가와 작품에 대한 부연 설명을 한다. 그리고 이 작품을 왜 구매해야 하는지 한 번 더 자극한다. 많은 이들이 기다리던 작품이 등장했거나, 예상보다 반응이 저조할 때 작품 설명을 하는데, 그 작품의 가치에 대해 간략하게나마 설명을 듣다 보면 작품을 더 이해하게 되면서 구매하려는 마음이 들기 때문이다. 경매가 진행되면 화면에 달러, 파운드 등 여러 나라의 환율로 계산한 가격이 동시에 나타나는데, 이로 인해 국내 컬렉터뿐만 아니라 해외 컬렉터까지 현재가를 유추할 수 있다.

그렇다면 어떤 작품들이 경매에 출품될까? 경매회사의 수익은 위탁 작품과 낙찰된 작품의 수수료다. 참여도가 높아야 작품 가격이 올라가기 때문에 시장 반응이 좋은 작품이 출품된다. 출처가 불분명하거나, 옥션의 성격과 맞지 않거나, 시장에서 거래가 미비한 작품은 출품이 제한된다. 이러한 작품을 가리기 위해 옥션에서는 위탁 전에 자체 평가를 통해 출품작을 선발한다. 따라서 미술시장의 흐름을 파악할 수 있는 유용한 공간이다. 프리뷰에 몇 번만 방문해도 옥션에서 받아들인 작가와 작품부터 현재 시장의 흐름을 비교해서 알 수 있다. 국내 대표 경매회사인 서울옥션과 케이옥션은 강남구 신사동에 위치해 있으며, 옥션가의 거리는 도보로 이동이 가능하다. 미리 홈페이지를 통해 경매 일정을 확인하고 동선을 고려해서 방문하자. 방문은 온

🔲 국내 옥션 수수료

구매 수수료

국내 경매	일괄 18%(부가세 별도)
홍콩 경매	일괄 18%

○ 낙찰가(hammer price): 경매사가 낙찰봉을 두드리면서 낙찰된 금액
○ 구매가(purchase price): 낙찰가+낙찰 수수료+부가가치세가 합산된 금액

출처: 서울옥션 공식 홈페이지

낙찰 수수료

○ 낙찰자는 경매 후 7일 이내에 총 구매 대금을 해당 회사로 지불해야 한다.
○ 총 구매 대금=낙찰 대금+낙찰 수수료+기타 비용(발생 시)
○ 라이브 경매의 경우 낙찰 수수료는 낙찰가의 16.5%(부가세 포함)가 부가된다.
○ 온라인 경매의 경우 낙찰 수수료는 낙찰가 구간에 따라 차등 적용된다.

구분		낙찰가(원)	수수료율(부가세 포함)
라이브 경매		전 구간	16.5%
온라인 경매		1,000만 원 이하	낙찰가×19.8%
		1,000만 원 초과	1,000만 원×19.8%+(낙찰가−1,000만 원)×16.5%

예) 낙찰가 1,500만 원인 경우
라이브 경매 낙찰 수수료=1,500만 원×16.5%
온라인 경매 낙찰 수수료=1,000만 원×19.8%+(1,500만 원−1,000만 원)×16.5%

출처: 케이옥션 공식 홈페이지

○ 낙찰 수수료: 낙찰 금액에 수수료가 부과된다. 온라인 경매 16.5%(부가세 포함) / 오프라인 경매 13.2%(부가세 포함)
○ 낙찰 대금: 낙찰가+낙찰 수수료+부가가치세

출처: 아트데이 공식 홈페이지

라인으로 회원 가입을 하거나 전화로 예약하면 되며, 별도의 절차 없이 둘러볼 수 있다. 또한 궁금한 작품은 현장 관계자에게 물어보면 특별한 설명을 들을 수 있다.

옥션에서도 일대일 거래가 가능할까? 미술품 경매를 생각하면 대표적으로 떠오르는 이미지는 여러 응찰자가 경쟁을 벌이며 한 작품을 구매하려는 모습이다. 그런데 옥션에서도 일대일로 거래가 가능하다. 바로 옥션의 프라이빗 세일이다. 프라이빗 세일은 공개적인 판매가 아닌 옥션에서 가진 네트워크를 기반으로 일대일로 작품을 거래하는 방법이다. 옥션을 이용해 종종 작품을 거래했다면, 담당자에게 작품 위탁 또는 구매에 관한 연락을 받은 경험이 있을 것이다. 공개적인 작품 낙찰 기록을 남기고 싶지 않거나, 찾는 작품이 있을 때 이용하면 유용하다.

경매 응찰 참여 방법

1. **회원 가입**: 누구나 홈페이지를 통해 무료로 회원 가입을 할 수 있다. 도록을 배송 받으려면 별도의 연회비를 내야 하며, 서울옥션은 연회비를 낸 정회원에 한해 오프라인 경매 응찰 자격을 부여한다.

2. **프리뷰 관람**: 프리뷰는 작품의 컨디션을 확인하는 자리다. 온라인과 오프라인 경매는 출품작이 다르다. 회원 가입 후 희망하는 경매와 프리뷰 일자를 확인해서 방문하자. 프리뷰는 경매 당일을 포함해 7~10일 정도 진행된다. 무료 관람이나 예약 여부는 공식 홈페이지의 안내를 확인하자(일반적으로 예약 없이 가능하다).

3. **경매 응찰**: 온라인은 모바일과 PC를 통해 응찰할 수 있고, 오프라인은 현장에서, 또는 전화나 서면으로 응찰할 수 있다. 온라인과 오프라인의 차이는 패들이다. 오프라인 경매에서는 패들을 현장에서 수령한다. 또한 오프라인 경매장에 방문이 어렵다면 전화나 서면 응찰로 참여할 수 있다. 서면 응찰이란 경매 당일 참여가 어려울 경우 예상 최고가를 미리 제출하는 방법이다. 응찰은 보조 경매사가 대리로 진행한다. 만약 세 방법의 응찰자가 낙찰받기 원하는 가격이 모두 같다면 서면, 현장, 전화순으로 우선권을 부여한다. 온라인에서는 서면 응찰 대신 예약을 하는 방법이 있다. 내가 생각한 최고가를 미리 걸어두면, 비딩 시 자동으로 내가 생각한 최고 응찰가까지 올라간다.

4. **낙찰**: 낙찰은 경매 마감 전까지 가능하다. 오프라인에서는 현장에서, 온라인에서는 홈페이지에서 경매 낙찰 여부를 실시간으로 확인할 수 있다. 낙찰을 받으면 경매 후 수수료를 포함한 구매가를 안내한다. 제한된 기간 안에 대금을 납부해야 한다.

5. **배송**: 배송 또는 픽업을 통해 작품을 수령한다. 미수령 기간에 따른 위약금이 있다. 직접 픽업은 무료이나 배송과 설치는 거리와 조건에 따라 별도 비용이 든다.

경매 위탁 방법

1. **접수**: 각 경매회사에서 안내한 메일로 요구하는 자료를 송부한다. 일반적으로 위탁자 이름, 연락처, 작가명, 작품명, 사이즈, 재질, 제작 연도, 소장 경위, 작품 사진(전체 컷, 서명 등의 부분 컷, 중요 부분)이다.

2. **심의**: 경매회사에서 작품의 출품 여부를 상의한 뒤 위탁자에게 연락한다. 출품 가능 시 경매회사에서 예상한 경매 시작가를 위탁자에게 안내한다. 만약 여러 경매회사에 접수해서 확인 연락을 받았다면 마음이 맞는 곳으로 출품해도 된다. 단, 시작가가 높다고 무조건 좋은 것은 아니다. 시작가가 너무 높으면 작품을 구매하려는 응찰자가 없을 수도 있다.

3. **운송 및 위탁**: 작품이 통과되었다면 안내 방법에 따라 작품을 맡긴다. 운송료는 위탁자 부담이며, 경매회사는 내부 감정을 거쳐 전달받은 작품의 출품 여부를 결정한다. 출품 확정 시에는 위탁 계약서를 작성한다.

4. **낙찰**: 작품이 낙찰되면 위탁 수수료(평균 10퍼센트, 부가세 제외)를 제외한 낙찰 금액이 지급된다.

경매 용어

- **구매가**: 낙찰가에 수수료와 부가세를 더한 가격으로, 낙찰자가 지불해야 하는 최종 가격이다.
- **낙찰가**: 응찰가가 모여서 낙찰된 최고 가격이다.
- **내정가**: 옥션에서 위탁자와 합의한 작품의 최저 판매 가격이다.
- **랏(LOT)**: 출품 번호다. 순서대로 '1번 랏', '2번 랏'이라고 부른다. 오프라인 경매에서는

그 경매를 이끌 메인 작품의 순서를 중반부 정도에 넣는다. 그걸 보려고 오는 사람들이 있기 때문에 초반부터 공개하지 않는 것이다.

- **소장 기록(provenance)**: 작품의 진위 여부를 판단하고 금액을 책정하는 근거 자료다.
- **유찰**: 응찰가가 내정가에 미치지 못하거나 응찰자가 없어서 작품이 판매되지 않은 경우를 말한다.
- **응찰가**: 응찰을 희망하는 가격으로, 경매회사에서 설정한 단위로 응찰할 수 있다. 예를 들어 작품 가격에 따라 5만 원, 10만 원, 50만 원, 100만 원 또는 그 이상으로 딱딱 떨어지며 올라간다.
- **패들**: 경매 현장에서의 이름표다. 경매가 진행될 때 패들을 드는 것은 작품에 응찰하겠다는 의미다.

▶ 참고하면 좋은 옥션 사이트(가나다순)

해외	국내
본햄스 bonhams.com	라이즈아트 raizart.co.kr
소더비즈 sothebys.com	서울옥션 seoulauction.com
차이나가디언 cguardian.com	아트데이옥션 artday.co.kr
크리스티 christies.com	칸옥션 kanauction.kr
폴리옥션 polyauction.com.hk	케이옥션 k-auction.com
필립스 phillips.com	코베이옥션 kobay.co.kr
헤리티지 ha.com	플리옥션 fleaauction.co

아트테크 큐레이션

여기서도 구매가 가능하다?
백화점과 대학교

미술품 거래는 다른 곳에서도 가능하다. 최근 여러 유통업체에서도 미술시장에 뛰어들었다. 다음 내용을 통해 더 자세히 알아보자.

🏛 백화점

'아트슈머(Art+Consumer)'를 위한 아트 마케팅이 유통업계에서 인기다. 백화점 내에 전시 공간을 만들고, 갤러리나 경매회사와 협업해 작품을 판매한다. 백화점이 문화 공간을 곁들이며 소비자를 만나는 것이다. 백화점의 이러한 변화는 코로나19 이후 곳곳에서 일어났다. 2022년 3월 케이옥션과 '더현대'는 기획전 '더 컬렉션(The Collection)'을 개최해 국내외 유명 작가와 MZ세대 작가들의 작품을 현장에서 구매할 수 있도록 했다. 롯데와 신세계도 아트 마케팅에 열기를 더했다. 2022년 5월에 롯데백화점은 시그니엘 부산에서 대규모 아트 페어인 '롯데아트페어'를 개최했는데, VIP 티켓 500장이 개막 전에 모두 팔렸다. 신세계백화점 강남점인 '아트스페이스'에서는 매달 100여 점의 작품을 전시 및 판매 중이다. 또한 광주 신세계에서는 매년 9~11월에 '광주신세계미술제'를 개최하는 만큼 유통업계의 아트 마케팅은 공격적이다.

이제 더 이상 백화점에서 그림을 구매하는 게 낯선 일이 아니며, 오히려 갤러리보다 문턱이 낮다는 인식으로 편하게 발걸음을 할 수 있다. 또한 마음에 드는 작품을 구매하면 제휴 카드 혜택과 회원 실적을 쌓을 수 있다. 이에 국내 대표 백화점에서는 작품 전시 및 판매, 문화센터를 통한 교육 등으로 아트 마케팅을 진행 중이다. 만약 갤러리보다 백화점이 편하다면, 인근 백화점의 전시 소식을 찾아보자. 예술이 곁들여진 새로운 공간을 접할 수 있을 것이다.

🏛 대학 또는 대학원의 미술학부 전시회

모든 미술대학은 매년 과제전과 졸업을 앞둔 졸업 전시회를 진행한다. 작업 기간은 전시와 전공의 성격마다 다르겠지만, 최소 한 작품을 두고 적게는 한 달, 길게는 1년 가까이 작업한 결과물을 선보인다. 1~3학년 사이에 진행하는 과제전은 각 대학의 전시실에서, 졸업 전시회는 대학 전시실 또는 인근 전시장을 대관해 진행한다. 이제 막 날갯짓을 시도하는 예비 작가들의 작품을 보고 싶다면 학부의 전시회를 추천한다. 동시대에 꿈을 꾸고 있는, 또는 방황하고 있는 미대생들의 작품을 보는 재미가 쏠쏠하다. 당장 직접 구매하지는 않더라도 1학년부터 졸업 전시회까지 한 명의 예비 작가가 성장하는 과정을 작품을 통해 바라보는 경험을 할 수도 있다. 퀄리티 높은 작품은 약 1년간 작업하는 졸업 전시회에서 만날 확률이 높다.

마음에 드는 작품이 있다면 구매를 문의하자. 사회로 진출하기 전인 미대생들의 작품은 아직 가격이 형성되어 있지 않지만, 나의 구매를 통해 방황하는 미대생의 미래가 한 걸음 더 진전될 수 있다. 유의해야 할 점은 미술대학을 졸업해서 작가로 작업을 이어가는 학생의 수가 매우 적다는 사실이다. 꿈과 열정에 후원하는 마음으로 작품을 구매해도 자산으로 이어지긴 어렵다. 또한 이때 본 작품의 스타일이 이후 작가의 메인 작품과 비슷하게 이어질 확률도 낮다. 작가도 사회에 나와 다양한 경험을 하면서 미술을 자신의 것으로 만들어가는 과정을 거쳐 작품이 성장하기 때문이다. 따라서 미술학부 전시에 방문하는 것은 응원의 의미가 크고, 작품 구매는 재테크보다는 후원에 가깝다. 같은 시대를 함께 걸어가는 예비 작가들의 전시를 볼 수 있는 곳에서 이색 경험을 즐기고 싶다면 각 미술대학의 홈페이지나 공식 소셜 미디어 계정을 확인하자.

————— 아트테크 큐레이션

인스타그램 DM으로도 산다
작가 및 개인 거래

작품을 구매하고 싶어도 갤러리 선판매와 경매 수수료는 결정을 한 번 더 망설이게 한다. 최근에는 미술과 미술시장에 대해 공부하는 이들이 늘어나면서 작가 및 개인 거래 문의도 꾸준히 증가하고 있다. 처음으로 작가에게 작품을 문의하려는 이들이 가장 궁금해하는 것은 '작가에게 문의를 해도 되는지'다. 어떤 작가는 직접 구매가 가능한데, 다른 작가는 구매가 어렵다고 얘기한다. 둘의 차이는 무엇일까? 개인 거래도 다양한 작품을 접할 수 있는 좋은 방법이다. 다만 좋은 작품을 만나는 경험과 달리 가슴을 철렁이게 만드는 순간도 선사한다. 작가 및 개인 거래의 방법과 특징, 주의 사항을 알아보자.

작가

작가에게 연락해서 직접 작품을 구매하는 방법이다. 작가의 메일, 연락처, 소셜 미디어 등으로 연락해 리스트를 받거나 작업실에 방문해 구매한다. 소셜 미디어 중에서는 인스타그램이 인기다. 국내외의 많은 작가가 인스타그램을 포트폴리오처럼 사용하기 때문이다. 인스타그램을 통해 작업 과정을 선보이고 전시 소식 등을 전하며 팬층을 형성한다. 구매 여부 문의는 DM으로 한다. 이때 컬렉터는 무엇을 질문하면 좋을까? 작업으로 연락이 원활하지 않을 수 있으므로 주요 내용을 한 번에 전달하자. 구매 가능 여부와 크기, 재료, 작품가, 액자 여부, 수령 방법, 실사 등을 요청하고 다른 작품도 추천받자. 때로는 작가가 소개하지 않은 신작이 더 좋을 때가 있다. 또한 커미션 작업으로 실물을 보지 않고 주문하는 방법도 있다. 진행 가능 여부는 작가마다 다르며, 상대적으로 오랜 기간 대기해야 한다. 장점은 나만을 위한 작품이라는 점에서 특별하며, 단점은 내가 원하는 느낌과 다른 작품을 받을 수 있다는 것이다.

작가와의 직거래는 여러모로 장점이 있다. 작가에게 작품의 의미를 듣고 작가의 철학을 이해하는 계기를 마련할 수 있다. 또한 작가와 좋은 관계를 유지하며, 경우에 따라 시세보다 할인을 받아서 작품을 구매할 수 있다. 중간 업체를 거쳐야 하는 번거로움을 피해서 수수료 부담도 줄어든다. 다만 작가가 갤러리 소속이거나 갤러리에서 전시 중인지 반드시 확인하자. 특히 전시 중인 작품은 작가 개인이 아니라 해당 갤러리에서 구매해야 한다. 작품이 갤러리에서 전시 중이라는 것은 이미 갤러리와 계약 중이라는 뜻이다. 그 작품을 따로 빼는 것은 훗날 작가에게 좋지 않은 영향을 준다. 작가 마케팅에서 갤러리의 역할은 매우 중요한데, 신의를 저버린 오명으로 안 좋게 비춰질 수 있기 때문이다. 해당 방법은 작가의 작품을 직접 구매할 수 있는 경우에만 진행하자. 또한 구매 시 진품임을 증명하는 보증서를 함께 받자. 해당 증서에는 작가의 서명이 있어야 한다.

🏛 개인 거래

컬렉터끼리 작품을 구매하고 판매하는 방법이다. 인터넷 카페나 소셜 미디어, 또는 추천을 통해 관계를 맺으며 거래한다. 최근에는 이베이(e-bay), 중고나라, 당근마켓 등에서의 거래도 늘어났다. 개인 거래의 가장 큰 장점은 판매자가 원하는 가격으로 팔 수 있다는 것이다. 또한 수수료 부담도 줄어든다. 이 과정에서 취향이 비슷한 새로운 컬렉터를 알게 되어 장기적으로 정보를 교환하는 관계로 발전할 수 있다. 다만 개인 거래의 가장 큰 위험은 사기다. 위작이거나 작품 가를 입금하지 않는 등의 사기 사건이 발생할 수 있다. 따라서 개인 거래는 신뢰할 수 있는 관계에서 하거나, 꼭 원하는 작품이 있다면 감정을 받은 뒤에 구매하자. 작품의 시세를 미리 확인하는 것도 필요 하다. 판매자에 따라 금액 차이의 폭이 크다. 또한 작품이 진품임을 보증할 수 있는 자료를 함께 받자.

아트 딜러의 TIP

모든 미술품 거래는
진품 확인서(작품 보증서)를 발급받자

진품 확인서는 작품만큼이나 매우 중요하다. 이 자료로 작품이 진품임을 증명할 수 있어서 위작의 시시비비를 가리는 데 필요하다(법적 효력에 대한 의견은 분분하다). 이 서류 여부에 따라 훗날 작품을 리세일할 때 금액이 달라지기도 한다. 일반적으로 진품 확인서에 기입해야 할 내용은 작품 정보, 작가와 판매처의 서명이다. 아래 작품 보증서 샘플은 문화체육관광부에서 제공하는 미술 분야 표준 계약서에 첨부된 자료다. 다음 샘플을 보고, 보증서를 꼼꼼하게 확인하자.

작품보증서

작품 사진

작 가 명	
작 품 명	
제 작 연 도	
재　　료	
크　　기	
참 고 사 항	

위 작품은 본 작가가 창작한 작품임을 보증합니다.

20○○년 ○○월 ○○일

작가＿＿＿＿＿＿＿(서명 또는 인)

출처: 문화체육관광부 미술 분야 표준 계약서 (2022. 02. 기준)

여럿이 사고 대여도 한다
공동 구매 및 렌털

2021년은 미술품을 감상하는 것보다 투자를 우선시하는 아트테크가 인기였다. 특히 MZ세대를 중심으로 미술품을 공동으로 구매하거나 위탁해서 렌털을 맡겨 렌털료를 받는 방법 등이 인기였다. 그림을 직접 관리하기 부담스럽거나, 오로지 투자를 목적으로 미술품을 구매하려는 심리에서 부상했다. 미술품 구매와 판매는 반드시 한 가지 방법만 고집할 필요가 없다. 다양한 거래를 통해 그림을 접하면서 나와 맞는 방법을 찾아가도 괜찮다. 미술품을 구매한 경험이 아예 없다면, 부담이 덜 되는 자금으로 시작하자. 주식도 1주라도 사서 시장에 진입한 사람이 경험이 없는 사람보다 시장을 바라보는 시야가 더 넓기 마련이다. 구매 경험을 통해 한 걸음 더 접근해보자. 다음은 미술품 공동 구매와 위탁 렌털의 특징과 장단점이다.

🏛 미술품 공동 구매

'미술품 공동 구매', '조각 투자', '분할 소유권' 등 다양한 용어로 부른다. 공통적으로는 '나눈다'는 개념이 내포돼 있다. 미술품이 아닌 작품의 소유권을 다수에게 분할한다. 온라인과 모바일을 중심으로 중개 플랫폼이 작품을 선정해서 투자자를 모집한다. 회원 가입만 하면 누구나 시작할 수 있기 때문에 정보를 가진 이들만 접근 가능했던 기존의 아드 펀드와는 차이가 있다. 2022년 8월을 기준으로 국내에서는 아트투게더(ArtTogether), 아트앤가이드(ARTnGUIDE), 테사(TESSA)가 대표적이다. 거래된 작품의 수익은 구매한 소유권의 비율만큼 나눈다. 작품 매각은 짧게는 6개월에서 길게는 2년이 소요된다. 미술품은 평균 10년을 보관해야 한다는 말에 비춰볼 땐 짧은 기간이기는 하지만, 개인이 판매 시기를 결정할 수 없다는 단점이 있다.

그렇다면 무엇을 주의해야 할까? 우선 회사에 대한 검증이 필요하다. 새로운 사업인 만큼 대부분의 회사가 스타트업이다. 미술시장이 활성화되었을 때 다양한 플랫폼이 등장했지만 현재는 일부만 활동한다. 회사의 설립일과 사업 방향을 검토하고, 플랫폼에서 진행한 전체 작품 수와 매각된 작품의 수, 평균 수익률과 가장 오랫동안 매각되지 않은 작품도 확인하자. 다음으로 모집하는 작품을 검토하자. 업체에서 소개한 작품의 추천 이유를 알아보고, 실제 시장에서는 어떻게 진행되는지 검색하자.

또한 업체가 작성한 작품 소개서를 잘 읽어봐야 한다. 2차 시장의 작품가는 작품의 주제와 제작 시기에 영향을 받는다. 간혹 구매하려는 작품과 전혀 다른 느낌의 작품이 그럴듯하게 포장될 때가 있다. 회사와 작품에 대해 검증을 마쳤다면 추가 비용을 확인하자. 이때의 비용은 수수료까지 포함한 비용이며, 구매와 판매 시 수수료가 각각 발생할 수 있다.

미술품 공동 구매에 대한 의견은 다양하다. 1만 원으로 누구나 쉽게 그림을 구매하게 해서 시장의 저변을 넓혔다는 관점과 미술품을 투자의 대상으로만 바라보는 것에 대한 비판이다. 이와 같은 방법이 활성화되면서 법 규제에 관한 논의가 오가는 중이며, 각 업체에서는 이에 대비한 방안을 발표하고 있다. 또한 공동 구매 플랫폼은 금융투자업체가 아니기 때문에 투자금을 지키기 어렵다. 누군가에게는 매우 쉬운 그림 구매법이 다른 누군가에게는 다시는 경험하고 싶지 않은 매운맛이 될 수도 있다.

장점	단점
• 누구나 접근이 용이하다. 온라인 회원 가입을 하면 누구나 이용할 수 있다. • 피카소, 앤디 워홀 등 고가의 미술품을 가졌다는 만족감을 얻을 수 있다. • 구매 가능한 시작선이 1,000원, 1만 원이라 다른 미술품과 비교해 부담이 적다. • 작품 관리 및 판매를 플랫폼에서 직접 진행하므로 수고를 덜 수 있다.	• 원하는 공간에서 작품 감상이 불가하다. • 플랫폼과 옥션에 수수료가 이중으로 들어갈 수 있다(경매로 판매 시 옥션 수수료는 투자자가 부담한다). • 소유권 일부를 구매했기 때문에 개인의 의사대로 작품 판매를 진행할 수 없다(가장 활발하게 거래되는 3사의 매각 작품은 전체의 약 20~50퍼센트다). • 투자금을 보호받기 어렵다(2022년에 시장이 확대되면서 법 규제 논의가 오가는 중이다. 미술품 공동 구매를 하기 선에 반드시 해당 플랫폼의 최근 규제 대처 방안, 공동 구매를 진행하려는 작품을 알아보자).

🏛 위탁 렌털

본래 갤러리의 역할은 작가를 발굴하고, 마케팅을 해서 작품을 판매하는 것이다. 갤러리의 수익은 작품 판매에서 나오기 때문이다. 그런데 판매한 작품을 다시 위탁받아서 렌털하는 회사가 등장했다. 이를 통해 단기간에 수익을 내는 방법을 제안한다. 업체에 따라 위탁 렌털료, 저작권료 등으로 부른다. 일반적으로 은행의 이자처럼 기대 수익을 미리 제시한다. 기존 갤러리와는 차이가 있다.

렌털료는 작품가에 따라 다르다. 작품가는 작가와 작품의 크기에

▶ 위탁 렌털의 장단점 비교

장점	단점
• 좋아하는 작품을 온전하게 소유한다. • 단기간에 꾸준한 수익을 창출할 수 있다.	• 공동 구매와 마찬가지로 원하는 곳에서 작품 감상이 어렵다. • 회사와 작가에 대한 검증이 필요하다.

따라 100만 원부터 천차만별이다. 다만 시작하기 전에 몇 가지를 신중하게 알아봐야 한다. 먼저, 작품을 위탁받은 회사에 대한 정보다. 어떤 사업과 비전을 구상하는지 회사에 대해 검색하자. 또한 작가군을 눈여겨보자. 대부분의 해당 업체는 중견 작가 위주로 진행한다. 그동안 쌓아온 작품 수가 많고, 탄탄한 이력이 있으며, 작품가가 안정적이라는 장점 때문이다. 다만 작품 대여나 위탁 렌털이 아니라 평생 소장의 개념으로 본다면 시장에서 실제로 거래되는지가 중요하다. 모든 중견 작가의 작품이 활발하게 거래되는 것은 아니며, 작업 기간과 작품 선호도가 비례하는 것도 아니다. 미술시장의 호황기에 블루칩 작가들과 신진 작가들은 거래율이 높았지만, 상대적으로 각광받지 못한 중견 작가도 많았다. 사전 조사를 통해 작가를 확인하자. 이를 위해 회사 설립 후 운영 기간과 규모, 사업 계획, 총 제휴 작가 수와 거래된 작품 수 등을 알아보자.

아트테크 큐레이션

MZ세대가 주목하는
온라인 미술시장

미술에 관심이 있다면 온라인 활용은 필수다. 온라인을 통해 미술계 전문가들이 분석한 정보를 열람하고, 지구 반대편 해외에서도 작품을 구매하거나 판매할 수 있다. 또한 온라인 뷰잉 룸으로 전시를 보거나 경매에 실시간으로 참여할 수 있다. 온라인을 잘 활용할수록 시장의 분위기에 흔들리지 않고 좋은 작품을 거래할 확률이 높아진다.

먼저 미술품 가격지수를 통해 미술시장을 분석하는 데 유용한 사이트와 이곳에서 봐야 할 자료를 설명하겠다. 실제로 미술시장 관련 강의를 할 때마다 참고하는 사이트와 제공하는 보고서다. 세계 미술시장에 대한 객관적이고 종합적인 정보를 확인할 수 있다. 또한 이를 바탕으로 앞으로 미술시장의 흐름을 파악할 수 있으니 관심을 가지고 눈여겨보자.

1. 소더비즈(sothebys.com) 메이모제스지수(Mei Moses Fine Art Index)
   더해서, 옥션의 온라인 사이트에서는 진행했던 경매 결과를 공유한다. 최신 경매 결과는 현재 시장의 흐름을 파악하는 데 유용하다. 해외 미술 작품 또는 국내 작가의 해외 경매 결과가 궁금하다면 198쪽의 각 옥션 사이트를 참고하자.

2. 아트넷(artnet.com) 〈아트넷애널리틱스리포트(Artnet Analytics Reports)〉

3. 아트 바젤&UBS(artbasel.com) 〈아트마켓(The Art Market)〉

4. 아트택틱(arttactic.com) 〈아트택틱리포트(ArtTactic Report)〉

5. 아트프라이스(artprice.com) 〈아트마켓(The Art Market)〉

6. (국내) 예술경영지원센터 〈미술시장 조사 보고서〉

다음으로 미술 작품을 구매할 수 있는 사이트다. 대표적으로 아트시(Artsy)가 있다. 국내외 갤러리, 경매, 아트 페어의 현황 등을 제공한다. 뷰잉 룸을 통해 작가의 작품을 보고, 갤러리에서 판매 중인 작품을 구매할 수 있다.

2022년을 기준으로 190여 개국에서 230만 명이 아트시를 이용하고 있으며 전 세계 3,200개 갤러리, 75개 아트 페어, 27개 옥션과 파트너를 맺고 있다. 그중 한국 갤러리 수는 110개다. 또한 사치아트

(Saatchi Art)와 아방아르테(Avant Arte)에서는 유망 작가의 다양한 작품을 만날 수 있다.

- 아트시(artsy.net)
- 사치아트(saatchiart.com)
- 아방아르테(avantarte.com)

국내 온라인 사이드에서 선시 소식과 미술계 이슈를 접할 수 있는 사이트를 소개한다. 국내 주요 갤러리가 모여서 설립한 한국화랑협회는 143개 회원 화랑의 전시 및 이슈를 공유한다. 그 밖에도 네오룩, 더아트로, 서울아트가이드(김달진미술연구소), 아트허브에서 다양한 미술 정보를 접할 수 있다.

- 한국화랑협회(koreagalleries.or.kr)
- 네오룩(neolook.com)
- 더아트로(theartro.kr)
- 서울아트가이드(daljin.com)
- 아트허브(arthub.co.kr)

온라인 미술시장 거래는 온라인 옥션을 통해 이뤄진다. 대표적으로 서울옥션과 케이옥션이 있다. 수수료에 부담을 느끼는 컬렉터들은 다소 위험부담이 있어도 중고 물품을 거래하는 플랫폼에서 작품을 판매하는 추세다. 수수료 부담이 적은 온라인 플랫폼도 있다. 기존 미술시장의 수수료와 불편한 구조를 개선하기 위해 만들어졌다. 대형 옥션보다 상대적으로 덜 알려져 있거나, 만들어진 지 5년 미만의 신규 플랫폼이다. 컬렉터 간의 거래가 가능한 세 곳을 소개한다. 정확한 설명을 위해 각 플랫폼의 대표와 서면 또는 방문 인터뷰를 진행했고, 이를 바탕으로 내용을 적었다. 각각의 특징을 알아보고 나만의 좋은 작품을 찾아보자.

🏛 플리옥션(Flea Auction, fleaauction.co)

다른 옥션들과는 달리 주로 MZ세대 작가들이 참여하고, MZ세대 컬렉터가 구매한다. 국내 최초 모바일 앱 기반의 옥션 플랫폼을 구축했다. 자체적으로 리셀 기능을 갖추고 있어서 컬렉터의 작품 판매도 가능하다. 월평균 150~200점 정도의 작품이 출품되고, 평균가는 약 60만~70만 원이며, 평균 낙찰률은 약 78퍼센트다. 플리옥션 영업팀에서 온·오프라인으로 신진 작가를 발굴하거나 작가(또는 컬렉터)가 직접 판매 신청을 할 수 있다. 미술품을 한 번도 거래하지 않았거나 신진 작가의 가치를 알아보는 컬렉터를 대상으로 한다. 일반적으로 경매는 1주일 동안 진행되며, 회원 가입 후 참여하는 비율이 74퍼센트로 높은 편이다. 작품 구매자 수수료는 0퍼센트다. 아트시장을 분석하고 트렌드를 파악하며 선도하는 기업이 되는 것을 목표로 한다.

🏛 딜링아트(Dealing art, dealing-art.com)

온라인을 기반으로 하는 컬렉터 간의 미술품 거래 플랫폼이다. 누구나 참여할 수 있는 간편한 방법과 투명하고 안전한 거래를 지향한다. 판매자는 경매 또는 지정가로 작품 판매 방법을 선택할 수 있으며, 경매는 자동 응찰이 가능하다. 구매자 및 판매자 수수료는 약 5퍼센트 내외(프로모션 적용 시)다. 다른 플랫폼들과의 차이점은 현실적으로 볼 수 있는 실사를 제공하고, 보증서가 없는 작품은 출품이 불가하다는 것이다. '신고하기' 기능도 흥미롭다. 다른 소장자의 작품을 올리거나 위작이 올라와 있는 경우 상단에 있는 '신고하기' 버튼으로 빠르게 알릴 수 있다.

딜링아트의 최종 목표는 종합 아트 플랫폼이다. 이를 위해 누구나 미술시장의 이슈와 소식을 글과 영상으로 제공하는 〈매거진나인

⟨Magazine9⟩〉, 아티스트의 정보를 한눈에 볼 수 있는 아티스트 라이브 러리(Artist library)를 함께 선보인다. 특히 작가 아카이브는 여러 작가의 작품, 특징, 소셜 미디어, 이력 등을 한눈에 볼 수 있다는 점에서 컬렉터들에게 많은 도움이 될 것으로 보인다.

🏛 두두갤러리(DODO Gallery, dodogallery.co.kr)

컬렉터가 직접 만든 플랫폼이다. 작품을 거래하며 느꼈던 어려움과 궁금증이 플랫폼의 시작이 되었다. 두두갤러리는 스토어, 매거진, 리세일로 영역을 구분했다. 누구나 작품을 구매하고 판매할 수 있으며, 시장에서 쉽게 판매하기 어려운 소품도 출품할 수 있다. 수수료는 판매자만 지불한다. 안전한 거래를 위해 구매자와 판매자는 전자 서명을 해야 하며, 빠른 판매를 원하는 작품은 '급매 작품'에서 볼 수 있다.

금액별로 구매 가능한
작품 알아보기

그림 구매 전에 예산을 고려하는 것은 필수다. 돈이 문제가 아닐 정도로 무조건 구매해야 하는 작품이 아닌 이상 여력을 벗어난 무리한 구매는 훗날 부담으로 다가온다. 다행히 미술품은 다른 자산에 비해 감가상각이 안 된다. 누군가 구매했다고 가치가 떨어지지 않을뿐더러 작가가 열심히 활동하면 가치를 더 인정받아서 시세가 올라갈 가능성도 있다. 그러나 모든 작품의 가격이 반드시 오르는 것은 아니다. 최근 미술시장의 호황에 힘입어 신진 작가의 호당 가격이 2배로 뛰는 경우가 빈번하지만, 판매처를 찾지 못해 1차 시장에서 구매했던 가격보다 더 낮게 파는 경우도 있다. 따라서 작품 구매 예산을 설정할 때는 평생 간직할 수도 있다는 점을 감안해야 한다. 다음 글을 통해 나의 예산에 맞게 구매 가능한 작품을 알아보자.

🏛 500만 원 내외

최근 미술시장에는 MZ세대를 겨냥해 500만 원 내외 작품이 대거 등장했다. 신진 작가의 원화 또는 중견 작가의 작은 작품을 구매할 수 있다. 만약 구매하고 싶은 작가의 원화가 너무 높은 가격이라면 에디션 판화, 드로잉, 소품을 눈여겨보자. 에디션 판화는 판매를 맡은 갤러리와 2차 시장의 옥션에서 거래되며, 드로잉과 소품은 작가의 전시회에서 구매할 수 있다. 세계적으로 유명한 작가의 판화는 오픈 에디션으로 비교적 저렴하게 구매가 가능하다. 단, 오픈 에디션은 언제나 찍어낼 수 있기 때문에 경제적 가치가 낮다는 게 단점이다.

- 신진 작가들의 작품을 만날 수 있는 곳: 예술의전당 '청년미술상점', 아시아프, 을지아트페어, 서울옥션 '제로베이스', 케이옥션 '프리미엄 온라인: 아트', 플리옥션, 프린트베이커리

🏛 1,000만 원 이상

신진 작가의 원화와 중견 작가의 30호 내외 작품을 구매할 수 있다.

자산으로서의 가치를 본다면 1,000만 원 이상의 작품을 고려하자. 30호는 인테리어하기 좋아서 거래가 상대적으로 용이하며, 판화보다는 원화가 경제적 가치가 있다. 물론 인기 작가는 판화 가격이 높게 뛰지만, 미술품을 구매할수록 판화보다는 원화를 선호한다. 미술이 주는 매력을 판화로 향유하기에는 아무래도 한계가 있기 때문이다. 컬렉팅을 할수록 소장 중인 판화를 우선적으로 판매하는 이유다. 1,000만 원 이상은 아트 페어와 갤러리에서도 구매가 가능한 선이니 마음에 드는 작가의 전시 소식을 눈여겨보자.

🏛 3,000만 원 이상

미술품에 대한 관심과 안목이 높아질수록 구매를 원하는 작품가가 함께 올라간다. 가장 안전한 그림 구매 방법은 유명 작가의 유명 작품이다. 3,000만 원 이상은 비교적 작품 구매의 폭이 넓다. 최근 성장 중인 제3세계 나라까지 눈여겨보면 작품의 선택 폭이 더욱 넓어질 것이다. 다만 해외 유명 작가 또는 블루칩 작가의 작품은 예산을 5,000만 원 이상으로 잡는 것을 추천한다.

미술품은 익숙하지만 낯설고, 충격적이지만 아름다운 작품을 찾아야 한다. 심장을 두드리는 그림을 찾아보자. 혐오스러워서, 감동적이어서, 깜짝 놀라서…… 어느 쪽이라도 상관없다. 지금 당신에게 울림을 주는 그림은 어떤 그림인가?

MZ세대는 이곳에서 데이트한다

미술 작품을 즐기는 방법은 많다. 국내에는 여러 미술관과 갤러리가 있고, 주변의 다양한 곳에서 일상 속의 예술을 실천한다. 최근 MZ세대를 대상으로 미술 데이트가 유행이다. 전시를 보며 특별한 인증 샷을 남기거나, 미술에 대해 잘 알아야만 갈 수 있을 듯한 장소에서 추억을 쌓는다. 인증 샷을 넘어 진짜 미술 데이트를 하고 싶다면 다음 지역을 주목하자.

청담

해외 유명 갤러리가 청담에 입점하며 새로운 청담 아트로드를 만들고 있다. 도산공원~압구정로데오~청담역까지 곳곳에서 페로탕, 탕컨템포러리아트, 루이비통메종 서울, 송은문화재단, 쾨닉 서울 등을 만날 수 있다. 해외 유명 작가의 전시와 예술 문화 공간 등 모르고 지나치면 아쉬울 정도다. 해외에서 꼭 방문해야 하는 갤러리의 분점이 국내에 있으니 함께 참고하자.

종로

종로의 매력은 북촌과 서촌으로 나누어서 투어를 할 수 있다는 것이다. 북촌에는 갤러리현대, 학고재, 국제갤러리, 금호미술관, 공근혜갤러리, PKM갤러리, 이화익갤러리, 갤러리애프터눈이 있다. 서촌에서 만나 볼 수 있는 곳은 대림미술관, 리안갤러리, 갤러리시몬 등이다. 위쪽으로 올라가 부암동과 평창동으로 가면 또 다른 매력의 미술관과 갤러리를 만날 수 있는데, 부암동은 서울미술관과 환기미술관, 평창동은 가나아트센터다. 갤러리 투어로 하루를 잡아도 종로의 매력을 모두 보기 어려울 정도다. 국립현대미술관 마당이나 서적 코너에서 잠시 쉬어 가며 주변에서 열리는 전시를 둘러보는 것도 추천한다.

이태원

해외 미술관에 견주어도 손색없는 사립 미술관인 리움미술관은 삼성문화재단이 만들었다. 국내외 유명 작가들의 작품을 실내외에 전시하는데 그 수준이 매우 높다. 리움미술관이 위치한 용산구에는 주목하면 좋은 갤러리들이 위치해 있다. 가까이에 있는 페이스갤러리부터 리만머핀, 파운드리 서울, 타데우스로팍, 갤러리바톤 등이다.

그 외 지역

부산
부산시립미술관은 별관의 이우환 공간까지 매우 알찬 미술관이다. 그 주변에는 조현화랑과 국제갤러리, 맥화랑이 있다. 부산 여행을 계획 중이라면 'RM 로드'로 유명한 부산 아트 투어를 놓치지 말자.

제주도

제주에는 유명한 미술관들이 곳곳에 자리를 잡고 있다. 그중 본태박물관과 제주도립 김창열미술관을 추천한다. 본태박물관은 세계적인 건축가 안도 다다오가 설계한 곳으로, 쿠사마 야요이의 상설전이 유명하다. '무한 거울방'과 〈호박(Pumpkin)〉으로 그녀의 작품 세계에 다가서는 묘미가 있다. 제주도립김창열미술관은 조용히 명상을 즐길 수 있는 곳이다. 김창열 화백의 시기별 작품과 함께 곳곳에 놓인 물방울은 제주도립김창열미술관에서 느낄 수 있는 재미 요소다.

양평

양평에 위치한 구하우스미술관은 사소한 부분소자 눈실늘 뗄 수 없는 보물 창고다. 유명 미술가인 데이비드 호크니, 줄리안 오피, 우고 론디노네, 장 미셸 오토니엘, 마우리치오 카텔란 등 모두 나열하기 어려울 정도로 미술사를 이끄는 굵직한 거장들의 여러 작품을 한자리에서 볼 수 있다.

4장

MZ세대가
놓치지 말아야 할 디테일

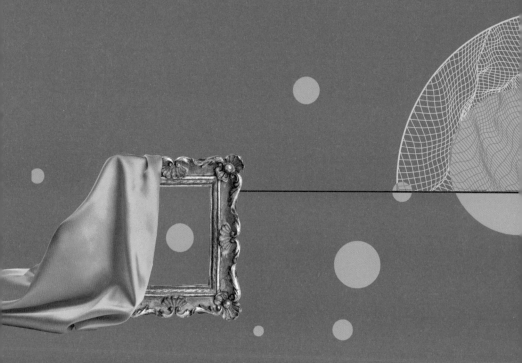

Art
Tech
Curation

거래한 작품은 어떻게 관리해야 할까?

레오나르도 다빈치의 〈살바토르 문디〉는 축복을 내리는 예수의 초상화다. 놀라운 사실은 한때 '남자 모나리자'로 불리던 이 작품이 다빈치의 진품으로 인정받지 못해서 한화로 환산해 약 6만 원에 거래되었다는 것이다. 작품 위에 덧칠해져 있던 물감 때문인데, 이후 복원 과정에서 다빈치의 진품으로 밝혀지며 2017년 크리스티 뉴욕 경매에서 4억 5,030만 달러(약 5,300억 원)로 미술품 거래 최고가를 기록했다.

극단적인 사례지만, 이처럼 미술품은 작품 관리가 매우 중요하다. 물론 큰 스트레스를 받을 필요는 없다. 좋아하는 공간에 두고 손상이 가지 않도록 신경을 기울이며 즐기면 된다. 만약 작품이 훼손되었다면 작가에게 보수를 요청할 수도 있다. 다만 미술품 AS는 작가의 의무가 아니기 때문에 작가가 다른 작업을 하고 있다면 보수를 거절할

아트테크 큐레이션

레오나르도 다빈치, 〈살바토르 문디〉,
1500년경

수 있다. 작가가 작고했거나 해외에 있어서 배송이 어려운 경우에는
작가의 작품을 전문으로 복원하는 곳이나 보수 전문 회사를 알아봐
야 한다. 재료별로 보수가 어려운 작품도 있다. 아크릴을 사용한 평
면 회화가 아닌, 특수 재료로 제작한 작품은 원상 복구에 한계가 있
다. 가장 좋은 방법은 애초에 작품을 잘 관리하는 것인데, 미술품의
주재료에 따라 관리 방법에 차이가 있다. 재료는 내구성에 영향을 끼
쳐 작품의 컨디션과 연결된다. 공통적인 관리법은 평균온도와 습도
를 맞추는 것이다.

장기적으로 작품에 좋은 컨디션을 유지하고 싶다면 액자를 고려하자. 작품의 액자는 손상을 방지하는 역할을 한다. 작품에 먼지가 쌓이지 않게 하며, 작품과 환경의 마찰을 최소화한다. 액자 처리가 안 된 작품은 직접적으로 온도와 환경의 변화를 마주한다. 외부인 또는 아이나 반려동물이 쉽게 만질 수 있는 환경이라면 위험하다. 다만 액자에 유리를 끼워서 장시간 보관하는 것이 역효과를 주기도 한다. 작품 산화 물질의 방출을 방해하기 때문이다. 작품을 표구할 때 유리나 아크릴은 작품과 최소 1센티미터의 간격을 둬야 하고, 만약의 상황에 대비해 작품과 액자의 분리가 가능하게 해야 한다.

또한 온도와 습도를 확인하자. 선선한 공기와 온도는 미술품에도 좋은 환경으로, 여름과 겨울에는 특히 주의를 기울여야 한다. 너무 덥거나 추우면 작품이 서서히 손상될 확률이 높다. 일반적으로 온도는 섭씨 18~22도로 평균 20도를 유지하는 것이 좋으며, 상대 습도는 50~60퍼센트에 맞춰서 관리한다. 금속과 서화는 이보다 1~2도 높은 온도를 추천하며, 서화의 습도는 20~40퍼센트일 때 퇴색이 적다. 잘못된 온도와 습도는 최악의 상황을 야기한다. 표면적으로 완성된 작품이라도 물감 내부가 덜 말랐을 수도 있고, 좋은 물감을 사용하지 않았다면 관리 중에 물감이 박락될 확률이 높다. 잘못된 습도로 작품 내에 미생물이 발생해서 바탕에 얼룩이 생기거나 작품 내에 곰팡이가 피어서 손쓰기 어려운 상황도 발생할 수 있다. 곰팡이를 발견했다면 최대한 빠르게 복원업체에 의뢰해야 한다.

통풍이 잘되는 환경도 매우 중요하다. 사람이 숨을 쉬기 어려운 곳은 작품에도 좋지 않다. 온도와 습도를 매번 맞추기 어렵다면 차라리 작품의 위치를 3~6개월에 한 번씩 주기적으로 이동하는 것도 방법이다. 이는 작품에 빛을 제한하는 방법이기도 하다. 미술품 감상을 위해 빛을 차단할 수 없기 때문이다. 같은 자리에 놓여 있으면 햇빛이 들어오는 각노나 공기가 통히는 공간도 제한적이다. 또한 아무리 조건을 잘 충족했다고 해도 일정 기간을 두고 꾸준하게 작품의 컨디션을 확인하자. 한 번씩 들여다보며 작품의 안부를 묻는 것만큼 좋은 관리법은 없다.

무반사 아크릴 또는 유리를 반드시 고려해야 하는 경우는?

직접 액자를 하려는 경우에는 별도 비용이 추가된다. 특히 카지미르 말레비치의 〈검은 사각형(Black Square)〉처럼 어두운 면이 넓다면 무반사를 고려해야 한다. 일반 아크릴 또는 유리로 해도 되지만, 빛을 받으면 작품을 제대로 감상하기가 매우 어렵다 (아마 작품보다 작품에 비친 내 얼굴이 더 잘 보일 것이다). 무반사 아크릴 또는 유리는 작품의 크기가 클수록 비용이 올라간다. 따라서 이런 경우라면 작품 구매 전에 무반사 아크릴 또는 유리 비용까지 추가로 고려해야 한다.

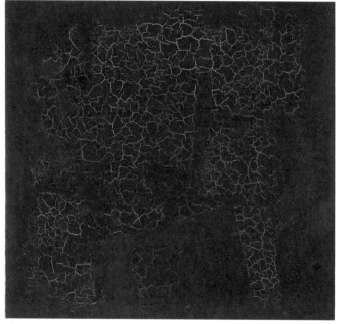

카지미르 말레비치, 〈검은 사각형(Black Square)〉,
리넨에 유채, 79.5×79.5cm, 1915, 트레티야코프미술관, 모스크바

아트 딜러의 TIP

국내 미술품 복원 업체는?

- 김겸 미술품보존연구소(경기도 고양시)
- 김광섭 미술품보존연구소(서울시 양천구)
- 김문정 에이엔에이보존연구소(서울시 금천구)
- 김주삼 미술품보존복원연구소 Art C&R(서울시 종로구)

나도 당할 수 있다!
조심해야 할 작품

고가 미술시장의 약 40퍼센트가 위작이라는 말이 있다. 위작은 생존해 있는 현업 작가보다는 이미 작고한 작가에게서 많이 나온다. 진위 여부를 밝힐 작가가 이미 세상에 없기 때문이다. 네덜란드의 대표 화가 렘브란트는 300여 년 전 바로크 시대 작가다. 빛과 어둠으로 정밀하게 표현한 방법은 오늘날에 봐도 매우 뛰어나다. 학자들에 따르면, 그는 300여 점의 작품을 남겼는데 전 세계 주요 미술관에 걸려 있는 그의 작품은 600여 점에 이르고, 개인 컬렉터가 보유한 작품도 350점이나 된다고 하니 참으로 흥미롭다. 이쯤 되면 외국 미술관에서 본 렘브란트의 작품들이 진품이 맞기는 한 건지 의심될 정도다. 잭슨 폴록도 위작이 많은 작가다. 그가 작품 하나를 제작할 때마다 위작이 10점씩 만들어졌다는 이야기가 있을 정도다.

렘브란트, 〈자화상〉, 1659, 미국 국립미술관

현대 미술시장에도 위작은 곳곳에 지뢰처럼 도사리고 있다. 국내에서도 끊이지 않고 대가들의 위작 논란이 이어져오고 있다. 이중섭 화백, 박수근 화백의 일부 작품은 2005년에 위작이 제기되면서 약 12년 동안 논란이 이어졌는데, 2017년에 문제로 제기된 2,800여 점이 모두 위작으로 밝혀지며 종결됐다. 국내외에 드러난 사건은 훨씬 많다. 작가의 작품을 수록한 카탈로그 레조네(Catalogue Raisonne)가 없는 경우라면 더하다. 요즘에야 자신의 소셜 미디어에 소장품을 자랑하는 추세지만, 이전 작품 구매자가 누군지 모두 알 수는 없다. 아마 위작을 겪은 대다수가 그게 위작인지 모르고 지나갔거나 차마 이야기하지 못하고 속앓이를 했을 것이다. 위작은 범죄의 결과물이라 기법이 뛰어나고 높은 가격에 구매했다고 해도 예술 작품으로 인정받지 못한다. 미술품이 예술 작품으로 인정받기 위해선 그 안에 사기꾼이 아닌 예술가의 비전이 담겨 있어야 하기 때문이다. 미술품을 구매할 때 가장 중요한 확인 사항이 '진품' 여부인 이유다. 그렇다면 위작을 피하는 가장 좋은 방법은 무엇일까?

먼저 작가 또는 작가가 위탁한 갤러리에서 구매하는 방법이다. 그리고 이를 증명할 수 있는 진품 확인서(Certificate of Authentication)를 발급받자. 진품 확인서의 효력에는 의견이 분분하지만 증명할 수 있는 서류는 무조건 남겨야 한다. 다음으로 확실한 유통 경로를 통해 구매하자. 명망 있는 갤러리는 위작으로 판명날 경우 작품가를 돌려준다. 또한 옥션 구매도 위작을 피할 확률이 높다. 옥션은 자체 감정을 통해 작품을 출품하며, 이후 낙찰된 작품이 위작으로 밝혀지면 구매가를 돌려준다. 미술시장에서 오랜 시간 쌓아온 명성이 매우 중요하기 때문이다. 마지막으로 개인 거래로 작품을 구매한 경우라면 당연히 진품임을 보증하는 서류나 작가 사인 등을 꼼꼼하게 살펴봐야 한다. 소상지 또는 소장자가 있었던 작품이라면 소장 기록(Provenance Record)을 꼼꼼하게 확인해야 한다. 프로비넌스가 없는 고가의 작품이라면 섣부르게 판단하지 말고 감정업체를 두 곳 정도 이용해서 진품임을 확인받자.

위작은 방심하는 순간 다가온다. 좋은 작품은 이미 구매하려는 사람들이 1년 전부터 줄을 서는데 그걸 왜 굳이 싸게 팔겠는가? 싸서 고민된다면 차라리 그 금액에서 누구나 인정하는 좋은 작품을 더 알아보고 구매하는 편이 낫다. 다른 사람이 떨이로 팔려는 작품을 사는 것보다 그 방법이 장기적으로 봐도 훨씬 바람직하다. 그러니 항상 이 말을 기억하자.

"좋은 작품은 절대 나에게만 싸게 팔지 않는다."

국내 미술품 감정업체 알아보기

- **한국화랑협회 감정위원회(koreagalleries.or.kr/appraisal):** 서울시 종로구에 위치해 있다. 1982년부터 100차례 이상의 시가 감정을 진행했다. 정기·출장·특별 감정을 통해 작품의 진위 또는 시가 감정을 의뢰할 수 있다.
- **한국미술감정시가협회(artprice.kr):** 2008년에 설립되었으며, 서울시 종로구에 위치해 있다. 정기 또는 출장 감정으로 작품의 진위 및 시가 감정을 의뢰할 수 있다.
- **한국미술품감정연구센터(appraisalk.kr):** 서울시 종로구에 위치해 있으며, 진위·시가·상태 감정을 한다. 이 밖에도 보험금액 산정 시 가격 평가, 감정 교육 등을 진행한다.

감정료 예시(출처: 한국미술감정시가협회)
진위 감정

구분	진위 감정료
생존 작가	300,000원
작고 작가	400,000원
	단, 작품가 1,000만 원 이하일 때, 300,000원
주요 작가	600,000원

주요 작가: 김창열, 김환기, 박수근, 도상봉, 오지호, 유영국, 이대원, 이우환, 이중섭, 장욱진, 천경자, 이상범, 변관식(수채화, 드로잉, 판화 제외) ※부가세 별도 가격

시가 감정

구분	시가 감정료
1,000만 원 미만	기본 300,000원
1,000만 원 이상~5,000만 원 미만	500,000원
5,000만 원 이상~1억 원 미만	800,000원
1억 원 이상~2억 원 미만	1,000,000원
2억 원 이상~3억 원 미만	1,500,000원
3억 원 이상~5억 원 미만	2,000,000원
5억 원 이상~8억 원 미만	3,000,000원
8억 원 이상~10억 원 미만	4,000,000원
10억 원 이상~20억 원 미만	5,000,000원

10억 원 단위 당 1,000,000원 추가 ※부가세 별도 가격

아트테크 큐레이션

아트 딜러의 TIP

위작을 거래한 갤러리에 어떤 일이 생겼을까?

넷플릭스 다큐 〈당신의 눈을 속이다: 세기의 미술품 위조 사건〉

두 차례의 세계대전을 견디며 165년 역사를 자랑했던 뉴욕의 노들러갤러리가 겪은 실화를 바탕으로 한다. 노들러갤러리의 위작 사건은 미국 미술 역사상 최악의 사기극으로 평가받는다. 미술시장과 관계자들의 이야기, 위작이 만들어지는 과정과 작품의 진위를 감정하는 방법 등을 이 다큐멘터리를 통해 알아보자.

아트테크에 드는 세금이나 비용은?

미술품은 세금이 0원인가요?

미술품 거래 시 세금이 있는 경우와 없는 경우가 있다. 먼저 미술품을 양도하는 경우를 알아보자. 미술품은 종합과세 대상에 해당하지 않으며, 취득세(거래세), 보유세(재산세, 종합 부동산세), 등록세가 없다. 미술품의 양도세는 작품을 판매한 사람이 지불하며, 양도가를 기준으로 한다.

- 예시 1: 해외 작가에게 3,000만 원에 구매했던 작품을 5,000만 원에 양도할 예정이다. 세금은 얼마일까?
- 예시 2: 국내 작가에게 1,000만 원에 구매했던 작품을 1억 원

에 양도할 예정이다. 작가는 현재 국내에서 활발한 활동을 이어가고 있다. 세금은 얼마일까?

- 예시 3: 국내 작가에게 800만 원에 구매했던 작품을 4,000만 원에 양도할 예정이다. 구매 당시 생존해 있던 작가였으나, 양도 시점에서 작고한 사실을 알았다. 세금은 얼마일까?

세 예시의 답은 모두 0원이다. 양도가가 6,000만 원 미만이거나, 국내 작가로 생존해 있기 때문이다. 소득세법 시행령 제41조에 따라 미술품은 '국내 생존 작가'이거나 '6,000만 원 미만의 작품' 중 한 가지 조건에 속하면 과세 제외 대상이다. 양도세는 차익이 아닌 작품가에 부과하며, 기타소득 항목으로 분류되어 세율과 비용 공제 혜택이 있다. 그렇다면 해외 작가 또는 작고한 국내 작가의 6,000만 원 이상의 작품을 양도할 땐 세금이 어떻게 적용될까? 소득세법 시행령 제87조에 따라 작품가 기준으로 6,000만~1억 원까지는 필요경비 90퍼센트가 적용된다. 1억 원 초과분에 한해서는 80퍼센트까지 필요경비를 적용하며, 보유 기간이 10년 이상이라면 90퍼센트까지 인정된다. 과세 대상 금액에서 지방세를 포함한 기타소득세율 22퍼센트를 적용해 세금을 산출하면 된다. 작고한 작가(또는 해외 작가)의 작품을 1억 원에 양도한다고 가정할 때, 90퍼센트를 필요경비로 인정받아서 실제 내야 하는 세금은 1,000만 원의 22퍼센트인 220만 원이 되는 것이다.

소득세법

[시행 2022. 1. 1.] [법률 제18578호, 2021. 12. 8. 일부 개정]

- 제21조(기타소득) 2항. 제1항 및 제19조 제1항 제21호에도 불구하고 대통령령으로 정하는 서화(書畵)·골동품의 양도로 발생하는 소득(사업장을 갖추는 등 대통령령으로 정하는 경우에 발생하는 소득은 제외한다)은 기타소득으로 한다.

  3항. 기타소득금액은 해당 과세기간의 총수입 금액에서 이에 사용된 필요경비를 공제한 금액으로 한다. 〈개정 2020. 12. 29.〉

소득세법 시행령

[시행 2022. 8. 2.] [대통령령 제32830호, 2022. 8. 2. 일부 개정]

- 제41조(기타소득의 범위 등) 14항. 법 제21조 제2항에서 "대통령령으로 정하는 서화(書畵)·골동품"이란 다음 각호의 어느 하나에 해당하는 것으로서 개당·점당 또는 조(2개 이상이 함께 사용되는 물품으로서 통상 짝을 이루어 거래되는 것을 말한다)당 양도 가액이 6천만 원 이상인 것을 말한다. 다만, 양도일 현재 생존해 있는 국내 원작자의 작품은 제외한다.

1. 서화·골동품 중 다음 각 목의 어느 하나에 해당하는 것

가. 회화, 데생, 파스텔(손으로 그린 것에 한정하며, 도안과 장식한 가공품은 제외한다) 및 콜라주와 이와 유사한 장식판

나. 오리지널 판화·인쇄화 및 석판화

다. 골동품(제작 후 100년을 넘은 것에 한정한다)

- 제 87조 2호, 법 제21조 제2항의 기타소득에 대해서는 다음 각 목의 구분에 따라 계산한 금액을 필요경비로 한다. 다만, 실세 소요된 필요경비가 다음 각 목의 구분에 따라 계산한 금액을 초과하면 그 초과하는 금액도 필요경비에 산입한다.

가. 거주자가 받은 금액이 1억 원 이하인 경우: 받은 금액의 100분의 90

나. 거주자가 받은 금액이 1억 원을 초과하는 경우: 9천만 원+거주자가 받은 금액에서 1억 원을 뺀 금액의 100분의 80(서화·골동품의 보유 기간이 10년 이상인 경우에는 100분의 90)

그렇다면 사업자로 작품을 구매한다면 세금은 어떻게 적용될까? 법인세법 시행령 제19조 17항에 따르면 법인 사업자는 1점당 수수료를 포함해서 1,000만 원까지 경비로 인정받는다. 주의할 점은 작품이 1,500만 원이라면 1,000만 원까지 인정받고 초과한 500만 원

에 세금이 부과되는 것이 아니다. 1점당 1,000만 원 이하의 작품까지만 경비로 인정받기 때문에 초과할 경우 아예 인정받지 못한다. 이는 수수료를 포함한 전체 금액이다. 미술품 경매로 작품을 1,000만 원에 낙찰받았다면, 수수료를 포함한 구매가가 이를 넘기 때문에 해당하지 않는다. 여기에 더해서 개인 사업자는 작품 구매로 인한 경비 인정을 받을 수 없다.

> **법인세법 시행령**
>
> ● 제19조(손비의 범위). 법 제19조 제1항에 따른 손실 또는 비용[이하 "손비"(損費)라 한다]은 법 및 이 영에서 달리 정하는 것을 제외하고는 다음 각 호의 것을 포함한다.
>
> 17항. 장식·환경 미화 등의 목적으로 사무실·복도 등 여러 사람이 볼 수 있는 공간에 항상 전시하는 미술품의 취득 가액을 그 취득한 날이 속하는 사업연도의 손비로 계상한 경우에는 그 취득 가액(취득 가액이 거래 단위별로 1천만 원 이하인 것으로 한정한다)

다음으로 상속세다. 미술품도 상속세를 내야 한다. 다만 자진 신고를 하지 않는 이상 과세 당국에서 미술품 상속 여부를 인지하기 어려운 편이다. 그래서 미술품을 상속세를 피하는 수단으로 생각하는 경

아트테크 큐레이션

우가 많은데, 상속세를 내는 게 당연한 일이므로 너무 안일하게 생각하지 않으면 좋겠다. 국세기본법 제26조 2에 따르면 50억 원을 초과하는 미술품 상속에 대해서는 국세 부과 제척기간이 정해져 있지 않다. 단, 상속한 미술품이 50억 원이 넘는 것을 인지한 날로부터 1년 이내에 부과해야 한다. 50억 원 이하라면 해당하지 않는다. 미술품 상속 또는 증여 평가액은 2인 이상의 전문가가 진행한다.

국세기본법

- 제26조의 2(국세의 부과 제척기간). ⑤ 납세자가 부정행위로 상속세·증여세(제7호의 경우에는 해당 명의 신탁과 관련한 국세를 포함한다)를 포탈하는 경우로서 다음 각호의 어느 하나에 해당하는 경우 과세 관청은 제4항에도 불구하고 해당 재산의 상속 또는 증여가 있음을 안 날부터 1년 이내에 상속세 및 증여세를 부과할 수 있다. 다만, 상속인이나 증여자 및 수증자(受贈者)가 사망한 경우와 포탈 세액 산출의 기준이 되는 재산 가액(다음 각호의 어느 하나에 해당하는 재산의 가액을 합친 것을 말한다)이 50억 원 이하인 경우에는 그러하지 아니하다.

    4. 등기·등록 또는 명의개서가 필요하지 아니한 유가증권, 서화(書畵), 골동품 등 상속재산 또는 증여재산을 상속인이나 수증자가 취득한 경우

상속세 및 증여세법 시행령

- 제52조(그 밖의 유형재산의 평가) 2. 판매용이 아닌 서화·골동품 등 예술적 가치가 있는 유형재산의 평가는 다음 각 목의 구분에 의한 전문 분야별로 2인 이상의 전문가가 감정한 가액의 평균액. 다만, 그 가액이 국세청장이 위촉한 3인 이상의 전문가로 구성된 감정평가심의회에서 감정한 감정 가액에 미달하는 경우에는 그 감정 가액에 의한다.

마지막으로 관세다. 외국에서 미술품을 구매할 때는 관세와 부가세가 없다. 만약 미술품을 인지하지 못하고 관세를 요구한다면, 예술품임을 증명할 수 있는 내용을 전달하면 된다. 작가명, 작품명, 크기, 재료, 작가 이력, 구매가 등이다. 100년 이상 된 작품은 골동품, 예술품으로 분류해서 문화재감정관실의 감정을 거쳐야 한다. 다만 작품의 제작 방법에 따라 분류하는 품목번호(HSK)에 차이가 있다. 관세율표 제97류에서는 예술품을 다음과 같이 정의한다.

제97류 예술품·수집품·골동품

주:

1. 이 류에서 다음 각 목의 것은 제외한다.

　가. 제4907호의 사용하지 않은 우표·수입인지·우편엽서나 그 밖에 이와 유사한 것

　　　　　　　　　　　　　　　　　　　　　　아트테크 큐레이션

나. 극장용 배경·스튜디오용 배경막이나 이와 유사하게 사용되는 그림이 그

려진 캔버스(제5907호). 다만, 제9706호로 분류되는 것은 제외한다.

다. 천연진주·양식진주나 귀석·반귀석(제7101호부터 제7103호까지)

2. 제9701호에는 모자이크 작품으로서 대량생산된 복제품, 주조품이나 상업적

성격을 지닌 판에 박힌 기교의 작품은 포함하지 않는다(이들 작품을 예술가

가 디자인하거나 만들었는지는 상관없다).

3. 제9702호에서 "오리지널 동판화·목판화·석판화"란 한 개나 여러 개의 원판

에 예술가의 손으로 직접 제작한 흑백이나 원색의 판화를 말하며, 어떤 제작

공정과 재질이라도 상관없다. 다만, 기계적 방법이나 사진제판법으로 한 것

은 포함하지 않는다.

4. 제9703호에는 대량생산된 복제품이나 상업적 성격을 지닌 판에 박힌 기교

의 작품은 분류하지 않는다(이들 작품을 예술가가 디자인하거나 만들었는

지는 상관없다).

5. 가. 이 류와 이 표의 다른 류로 동시에 분류될 수 있는 물품은 주 제1호부터 주

제4호까지에서 정한 경우를 제외하고는 전부 이 류로 분류한다.

나. 제9706호는 이 류의 다른 호로 분류되는 물품에는 적용하지 않는다.

6. 회화·데생·파스텔·콜라주(collage)나 이와 유사한 장식판·동판화·목판화·석판

화 등의 틀은 이들 작품과 같이 분류한다(이들의 틀은 위의 물품에 비추어

가격이나 종류가 적정하여야 한다). 이 주에서 언급된 작품에 비하여 가격

이나 종류가 적정하지 않은 틀은 별도로 분류한다.

총설

이 류에는 다음의 것을 분류한다.

(A) 특정의 예술품: 회화·데생·파스텔(손으로 직접 그린 것으로 한정한다)·콜라

주·모자이크와 이와 유사한 장식판(제9701호); 오리지널 동판화·목판화·석

판화(제9702호); 오리지널 조각과 조상(제9703호)

(B) 우표나 수입인지와 이와 유사한 스탬프·우편요금 별납 증지·초일(first-day)

봉투·우편엽서·이와 유사한 것(사용한 것인지에 상관없으며, 제4907호에

분류하는 것을 제외한다)(제9704호)

(C) 수집품과 표본[동물학·식물학·광물학·해부학·사학·고고학·고생물학·민족학·

고전학(古錢學)에 관한 것으로 한정한다](제9705호)

(D) 골동품(제작 후 100년을 초과한 것으로 한정한다)(제9706호)

이 류의 제품에는 수출이나 수입 규제 대상으로서 문화적 중요성이 있는 물품

이 포함될 수 있다.

다만, 이러한 물품이 이 류의 주나 호에 규정한 조건에 부합하지 않는 상태의

것은 이 표의 다른 류에 분류한다는 것을 유의하여야 한다.

• 제9701호부터 제9705호까지에서 설명한 종류의 물품은 제작 후 100년을

초과한 것이라 할지라도 해당 각호에 분류한다.

이때 컬렉터 입장에서 애매해지는 것은 디지털 판화다. 디지털 판화는 관세율표에 따르면, '대량생산된 복제품이나 상업적 성격을 지닌 판에 박힌 기교의 작품'으로 면세 대상에서 제외된다. 관세청 공식 블로그에서는 이와 같은 부분을 한 번 더 설명한다. 2022년 1월 3일에 게시된 '쉽게 보는 품목 분류-데이비드 호크니의 판화'에 따르면, 석판화는 제9702호로 분류해서 '오리지널'로 바라보지만, 아이패드 드로잉은 '인쇄된 서화'로 제4911로 분류한다. 미술시장에서 거래되며 작가의 예술품으로 인정받지만 부가세를 파세히는 것이다.

문화기본법에 따르면, 모든 국민은 차별 없이 문화를 창조하고 향유할 문화권을 갖는다. 미술에 세금의 혜택이 상대적으로 좋은 이유는 문화권을 국민에게 널리 구현하려는 의도다. 미술시장의 열기가 뜨거울 땐 세금에 관한 기사가 등장하고, 미술품 구매를 '세테크'로 표현한다. 한 점의 미술품을 구매하는 것은 작가가 표현한 한 세상에 진입하는 일이다. 작가의 예술 세계에 동참하며 나만의 역사를 만들어가는 것이다. 좋은 미술품을 구매해서 감상하며 관리했는데 세금 혜택까지 받을 수 있다면 얼마나 좋을까? 다만 앞선 정책들을 생각해보면, 현재의 법이 미술품에 대한 온전한 인식을 바탕으로 제정되었다고 말하기는 어렵다. 또한 미술시장의 확대에 따라 이후 정책에도 변화가 있으리라 전망한다. 미술품 세금은 간단하지만 그만큼 놓치기 쉬우니 꾸준하게 관심을 기울이고 알아보자.

🏛 놓치면 절대 안 되는 추가 비용

예상치 못한 추가 비용은 작품가보다 더 높은 비용을 초래하고, 때로는 법인 사업자가 경비 처리를 하지 못하는 경우가 생기기도 한다. 미술품 구매와 판매에서 발생하는 추가 비용에는 어떤 것들이 있을까?

대표적인 것이 '수수료'다. 작품 수수료는 대개 작품가에 포함되어 있으나 거래 방법에 따라서 별도로 지불하는 경우가 있다. 예를 들면 미술 경매다. 경매는 위탁판매 시 10퍼센트, 낙찰 시 15~20퍼센트의 수수료가 발생한다(부가세 별도). 다시 말하면 1,000만 원 작품을 위탁 판매했을 때 100만 원, 낙찰받았을 때 150만~200만 원의 별도 수수료가 발생한다. 1억 원이면 각각 1,000만 원, 1,500만~2,000만 원이 된다. 수수료가 부담되는 경우에는 개인 거래로 작품을 양도한다. 일반적으로 경매가를 기준으로 수수료를 포함해서 시세라며 팔거나, 또는 수수료를 빼고 거래한다. 아트테크 방법 중 공동 구매도 대부분 수수료가 별도다. 플랫폼에 따라 5퍼센트 내외이며, 판매를 경매로 할 경우 경매 수수료도 나눠서 부담한다.

관리 비용도 무시할 수 없다. 작품을 구매하기 전에 표구 여부도 미리 확인하자. 작가마다 작품에 맞는 액자까지 제작해서 판매하거나, 또는 작품 자체를 온전하게 보여줄 수 있도록 액자를 제외하고 선보인다. 액자가 되어 있는 작품을 그대로 구매한다면 추가 비용이 발생하지는 않지만, 액자의 틀이나 유리를 내 취향에 맞게 변경하거나, 아예 안 되어 있다면 당연히 추가 비용이 발생한다.

액자도 아크릴과 유리, 틀에 따라 금액대가 천차만별이다. 특히 반사 여부에 따라 금액 차이가 그다. 조명에 반사되는 작품보다는 어느 방향에서 봐도 반사가 되지 않아 마치 유리가 없는 듯한 느낌이 드는 게 더 비싸다. 무반사는 일반 유리보다 가격이 2배 이상 높으며, 작품의 크기에 따라서도 당연히 차이가 있다. 큰 작품은 표구 방법에 따라 작품 한 점을 더 살 수 있는 금액이 발생한다. 그림을 처음 구매하는 초보 컬렉터라면 액자가 되어 있는지 확인하자. 안 되어 있다면 미리 액자에 대한 정보를 문의하자. 이를테면 작가가 주로 가는 액자점에서 맞추려면 어느 정도 비용이 발생하는지, 추천하고 싶은 액자 형태는 무엇인지 등을 듣고 종합해서 예산을 잡으면 좋다. 또한 집에서 자체적으로 수장고를 만들어서 관리하거나 수장고를 대여해서 작품을 맡기는 경우에도 비용이 발생한다.

이 밖에도 작품 거래 시 지역에 따라 운송료가 발생한다. 특히 해외에서 구매한 작품은 작품보다 운송료가 더 비싼 경우가 있다. 해외 작가, 딜러, 갤러리를 통해 구매할 때에는 운송료를 꼭 확인해봐야 하는 이유다. 만약 해외여행 중에 직접 구매할 예정이라면 작품 수령 날짜에 맞춰서 비행기를 예약하는 것도 방법이다. 구매해서 바로 들고 올 수도 있지만, 전시나 페어에서 구매했다면 일정 기간 그 자리에 걸려 있어야 하기 때문이다.

이렇듯 대표적인 추가 비용은 수수료이며, 추가로 운송비, 관리 비용이 들어간다. 따라서 작품을 거래할 때는 반드시 전체 비용을 고려해야 한다.

아트 딜러의 TIP

미술품 보험이란 무엇일까?

미술품 보험은 도난이나 파손의 위험에 노출된 경우 가입할 수 있다. 일반적으로 고가의 작품을 전시회에 대여할 때 가입하며, 작품 가액에 따라 보험료가 산출된다. 해외와는 달리 국내에서는 개인보다는 미술관과 전시회 등 전문 보관 시설을 갖추고 있는 곳에 대한 상품이다. 총 작품 가액이 10억 원 미만이거나, 작품이 놓인 환경에 위험요소가 있다면 가입 여부가 제한된다. 분실, 전기적 사고는 보상되지 않는 등 보장 내용이 다르니 최소 두 군데 이상 비교한 뒤에 결정하자. 국내에서는 삼성화재, 현대해상, DB손해보험, 메리츠화재보험에서 가입할 수 있다.

아트 딜러에게 묻는다

Q 갤러리에는 어떻게 가나요?

A. 오픈 시간에는 별도의 예약 없이 방문 가능해요. 관람은 누구나 할 수 있으며, 아이와 반려동물은 보호자의 주의가 필요해요. 대부분의 갤러리가 월요일 휴무이니, 이날을 제외하고는 언제든 편하게 방문해보세요. 궁금한 작품이 있다면 관계자에게 질문해도 좋아요. 전시된 작품은 대부분 판매 중이거나 판매가 완료된 작품이에요.

Q 미술관에서도 작품을 구매할 수 있나요?

A 미술관은 학술과 교육을 목적으로 설립된 곳이라 작품 판매를 하지 않아요. 미술관은 관람료를 받지만, 갤러리에는 관람료가 없는 이유죠. 다만 작품 판매를 하지 않더라도 미술관에서 전시하는 것은 작가라면 누구나 원하는 일이에요. 미술사를 함께 만들어가는 의미로 봤을 때 작가에게 매우 영광스러운 일이기도 하고

요. 특히 유명 미술관에서 전시한 이력은 작가의 비전을 미술계에서 인정했다는 뜻이므로 작품가에도 좋은 영향을 줘요.

Q 아트 페어와 비엔날레는 어떤 차이가 있나요?

A 아트 페어가 상업적인 성격을 띤 작품 판매에 목적을 두고 있다면, 비엔날레는 실험적이고 다양한 전시를 진행해요. 아트 페어에서 미술시장의 현황을 볼 수 있다면, 비엔날레에서는 현대미술계의 흐름을 반영해서 앞으로의 동향을 예측해볼 수 있고요. 또한 비엔날레는 비상업적인 성격을 내세우기 때문에 작품을 판매하지 않는 경우가 많아요. 코로나19로 3년 만에 개최된 2022 베네치아비엔날레는 '여성', '흑인' 작가를 미술계의 흐름으로 전망했어요. 국내 대표 비엔날레로는 광주비엔날레가 있어요.

Q 이 작품이 왜 몇 천만 원이나 하죠?

A 작품 가격에 대한 문의는 늘 있어요. 매 강의와 책에서 자세하게 다룬 이유인데요, 그래도 납득하기 어렵다면 한 사람으로서의 노력과 세월의 일부를 구매하는 것으로 생각해보면 어떨까요? 몇 년간 일한 사람의 노동력을 돈으로 구매할 수 있다고 생각해보세요. 작품가 이면에 있는 부분도 함께 고려해보시길 바랄게요.

Q 국내 작가와 외국 작가 중에 어느 쪽이 더 비전이 있을까요?

A 작가들의 힘 뒤에는 국력을 무시하지 못해요. 비전은 국력이 아닌 작가마다 다르겠지만, 전 세계 해외 컬렉터를 만날 수 있는 해외시장을 무시할 수는 없죠. 국내 작가들이 해외로 진출하려는 이유이기도 해요. 특히 불황일 때에는 국내 작가

보다 외국 작가를 안전하게 생각해요. 국내외 작가님들의 작품을 고루 봐야 하는 이유예요.

Q 국내에서 해외 작가의 작품을 구매하고 싶은데, 어떻게 하면 될까요?

A 해외 작가의 작품을 전시 및 판매 중인 국내외 갤러리나, 작가의 작품이 등장한 국내외 옥션에서 구매할 수 있어요. 컬렉터 모임이나 해외 작가에게 소셜 미디어로 연락해서 개인 거래도 가능하고요. 온라인 구매도 가능하니 215쪽(온라인 미술시장의 해외 사이트)을 꼭 참고하세요.

세상에 하나뿐인 예술품으로 기록하는 나의 미래

최근 들어 많은 MZ세대가 미술품에 관심을 가지고 이를 구매한다. 이들 2040이 3050이 되고, 4060이 되었을 때 미술시장이 어떤 모습일지 기대가 크다. 다만 미술품을 경제적 가치로만 바라본다면 위험하다. 세계적인 미술품 컬렉터 찰스 사치는 다섯 점을 구매하면 두 점은 손해 본다고 말한다. 남은 세 점 중에 두 점은 약간의 수익을 보고, 한 점만 큰 수익을 보면서 판매하는 것이다. 미술시장과 많은 이들에게 영향을 끼치고, 아트 페어와 갤러리에서도 우선적으로 좋은 작품을 볼 수 있음에도 말이다. 이것이 미술품을 투자로만 보기가 어렵고 위험한 이유다. 그럼에도 찰스 사치는 미술품을 산다. 돈으로는 환산할 수 없는 미술사를 함께 기록하고 있기 때문이다. 역사를 함께 만들어가는 것, 미술품 구매로 얻을 수 있는 가장 큰 수확이다. 그렇다면 우린 어떤 작품을 눈여겨봐야 할까? 장기적인 관점에서 나와 함께 숨을 쉴 작품을 찾아보자. 그림을 구매하는 것은 작가가 걸어갈 비전을 함께하는 일이지만, 동시에 나만의 일상과 내가 만들 역사에 함께할 동반자를 들이는 일이기도 하다.

미술품은 유일하게 소유가 가능한 예술이다. 재미있는 점은 열심히 고민해서 그림을 구매하기로 결심했다 해도, 실제로 그림을 구매하는 경우는 적다는 것이다. 모든 작품은 한 점씩이고, 소식이 빠른 누군가가 이미 예약을 했다면 구매하기도 어렵다. 돈이 많아도 좋은 작품을 가지기는 어려운 이유다. 작품을 알아보는 안목과 빠른 결단력, 그리고 지치지 않는 열정은 미술시장에서 필수다. 《수집의 세계》 저자 문웅은 "대다수의 사람이 돈이 없어서가 아니라, 그에 대한 지식과 용기 있게 실천하는 결단이 없어서 부자 되기를 포기한다"고 얘기한다. 타이밍을 기다리다가 좋은 작품을 놓치고 후회할 땐 이미 늦었다. 고민하는 순간 작품은 다른 소장자에게 떠난다.

그러나 이렇게 힘들게 손에 넣었어도, 작품을 평생 팔지 않기란 어렵다. 좋은 작품은 계속해서 등장하는데, 나의 경제적 상황은 제한적이기 때문이다. 또 다른 작품을 구매하기 위해, 급하게 현금이 필요해서 등 판매하는 이유는 제각각이다. 그러나 판매할 때도 구매할 때만큼이나 신중해야 한다. 한번 손에서 놓은 작품은 다시 만나기 어렵다. 돈으로 환산할 수 없는 경험과 추억을 재구매할 수 있을까?

미술 작품은 지극히 개인적이지만 동시에 다른 이와 공유할 수 있는 예술품이다. 세상에 하나뿐인 예술품을 통해 나의 미래를 기록하는 일, 어쩌면 미술이 주는 진정한 가치가 아닐까 생각한다. 이 책에서는 미술시장의 호황과 불황 사이에서 좋은 작품을 알아보는 방법을 적었다. 부디 이 책을 통해 좋은 작품을 알아보는 힘을 길러서 당신만의 역사를 풍요롭게 만들길 바란다.

단행본

- 늅미(김중혁),《저는 NFT 미술 투자가 처음인데요》, 슬로미디어어그룹, 2022.
- 노널드 톰슨 저, 김민주·송희령 역,《은밀한 갤러리: 현대미술을 움직이는 작가와 경매, 갤러리의 르포르타주》, 리더스북, 2010(2008).
- 러셀 토비·로버트 다이아먼트 저, 조유미·정미나 역,《토크 아트talk ART》, Pensel(펜젤), 2022.
- 문웅,《수집의 세계: 어느 미술품 컬렉터의 기록》, 교보문고, 2021.
- 미야쓰 다이스케 저, 지종익 역,《월급쟁이, 컬렉터 되다》, 아트북스, 2016.
- 박수강·주은영,《아트 마켓 홍콩: 아트 바젤은 왜 홍콩에 갔을까?》, 아트북스, 2015.
- 심은록,《세계에서 가장 비싼 작가 10: 무엇이 그들을 그토록 특별하게 만드는가?》, 아트북스, 2013.
- 에른스트 H. 곰브리치 저, 백승길·이종숭 역,《서양미술사》, 예경, 2003.
- 터보 832,《터보 832의 아트 컬렉팅 비밀노트: 컬렉터가 알려주는 미술시장 생존 법칙》, 마로니에북스, 2022.
- 한혜미,《월 10만 원 그림 투자 재테크: 주식보다 안전하고 부동산보다 수익 좋은》, 쌤앤파커스, 2021.

연구 보고서

- 〈2021 미술시장조사〉, 예술경영지원센터
- 〈2022 상반기 한국 미술시장 세미나 발제 자료집〉, 예술경영지원센터
- 〈Global Art Market Disruptions: Pushing the Boundaries〉, CT BANK
- 〈The Art Market 2022〉, Art Besel · UBS

매거진

- 유나리, 〈NFT 사용 설명서〉 TWO CHAIRS 제53호, 한경매거진(주), 2022. 03.

기사

- 강종훈, 경계를 허문 무라카미 다카시의 예술 세계, 〈연합뉴스〉, 2020. 07. 25.
- 김슬기, [미술시장 완전정복] '10년간 독보적 낙찰 총액' 김환기·이우환 시대 언제까지…, 〈매일경제〉, 2022. 04. 13.
- 김슬기, 라이벌 프로이트 그린 베이컨…683억 기록 썼다, 〈매일경제〉, 2022. 06. 30.
- 김유정, 아트 펀드, 어떤 작품에 투자할까?, 〈이데일리〉, 2007. 08. 06.

- 김은애, 지드래곤, 90억대 집내부 더 놀라운 이유⋯'세계 최고가' 프랜시스 베이컨 → 빅뱅 그림, 〈OSEN〉, 2020. 10. 23.
- 매일경제, 서화·골동품 내년부터 양도세부과 미술계 "불황가속화" 반발, 〈매일경제〉, 1992. 09. 26.
- 박재현, 앤디 워홀 '민로 초상' 2500억에 팔렸다, 〈국민일보〉, 2022. 05. 11.
- 방준식, 'BTS' RM, 뉴욕타임스 인터뷰에서 예술 후원자의 면모를 풍기다, 〈한국경제〉, 2022. 08. 25.
- 손영옥, [손영옥의 미술쇼핑] 14. 10년 후 돈 될 작품?⋯미술계 떡잎 감별법 '공모전', 〈국민일보〉, 2017. 01. 16.
- 안재형, 당신이 아는 미술, 시장이 아는 미술 ④ 한국 현대 미술시장을 이끄는 작가, 〈매일경제〉, 2020. 06. 04.
- 오현아, 자산가의 미술품 절세 방법⋯생존 국내 작가 작품 양도세 면제, 〈한국경제〉, 2022. 05. 27.
- 유지혜, 예술 작품 거래 많아지는데⋯갈 길 먼 예술품보험 시장 [뉴스 인사이드], 〈세계일보〉, 2022. 06. 18.
- 윤철규·안혜리, 새해는 미술의 해 겉치레보다 內實채우자, 〈중앙일보〉, 1994. 12. 30.
- 이은주, 2030·여성·흑인 돌풍⋯세계 미술시장 주류 바뀌나, 〈중앙일보〉, 2022. 05. 23.
- 이지윤, 롯데百, 부산서 대규모 아트 페어⋯신세계에 '아트 비즈니스' 맞불,

〈동아일보〉, 2002. 05. 13.

- 전지현, 무슨 그림이길래…빅뱅 지드래곤·탑도 꽂혔다, 〈매일경제〉, 2021. 01. 13.

- 전지현, "난 미술품 의사…이중섭 그림 '상처'도 말끔히 치료하죠", 〈매일경제〉, 2021. 08. 26.

- 전하영·권명관, [아트테크가 뭐길래] 아트테크 입문자가 알아두면 좋을 기본 용어, 〈동아일보〉, 2021. 08. 02.

- 조상인, [이사람] 이호재 서울옥션 회장 "화랑은 장사 아닌 사업이라 생각… 경매회사 세워 신시장 뚫었죠", 〈서울경제〉, 2017. 09. 15.

- 최나실, 1,082억에 낙찰된 제프 쿤스 작품 '토끼'…주인은 누구?, 〈한국일보〉, 2019. 05. 16.

- 택슬리·권민, [더오래] 예술창작물에 주어지는 면세혜택…복제한 판화는?, 〈중앙일보〉, 2022. 02. 14.

- 황지영, 방탄소년단 RM 다녀간 전국 미술관…성지로 남아 화제, 〈JTBC〉, 2022. 02. 14.

웹 사이트

- 관세청 블로그 http://blog.naver.com/k_customs
- 국립현대미술관 http://www.mmca.go.kr

- 금호미술관 http://www.kumhomuseum.com
- 문화체육관광부 http://www.mcst.go.kr
- 서울옥션 http://www.seoulauction.com
- 성보문화재단 호림박물관 http://horimmuseum.org
- 송은아트스페이스 http://www.songeunartspace.org
- 아트데이 옥션 http://www.artday.co.kr
- 케이옥션 http://www.k-auction.com
- 키아프 서울 http://kiaf.org
- 한국미술시가감정협회 http://artprice.kr
- 한국 미술품 감정 연구 센터 http://www.appraisalk.kr
- 한국화랑협회 http://koreagalleries.or.kr
- 김복기@미술사: 1990년대 한국 미술시장 http://blog.naver.com/boggi04/
  221908263870

일상이 예술이 되는 MZ세대 미술품 투자법

**아트테크
큐레이션**

제1판 1쇄 인쇄 | 2022년 11월 22일
제1판 1쇄 발행 | 2022년 11월 29일

지은이 | 한혜미
펴낸이 | 오형규
펴낸곳 | 한국경제신문 한경BP
책임편집 | 노민정
교정교열 | 한지연
저작권 | 백상아
홍보 | 이여진 · 박도현 · 하승예
마케팅 | 김규형 · 정우연
디자인 | 지소영
본문 디자인 | 디자인 현

주소 | 서울특별시 중구 청파로 463
기획출판팀 | 02-3604-590, 584
영업마케팅팀 | 02-3604-595, 562   FAX | 02-3604-599
H | http://bp.hankyung.com   E | bp@hankyung.com
F | www.facebook.com/hankyungbp
등록 | 제 2-315(1967. 5. 15)

ISBN 978-89-475-4862-5   03320

책값은 뒤표지에 있습니다.
잘못 만들어진 책은 구입처에서 바꿔드립니다.